實際案例、智慧語錄、人生哲學，
二十四堂幸福課讓你成為長輩最貼心、伴

# 享幸福

# 哪有這麼心累

人生是場不斷選擇的遊戲，有風雨也有豔陽

抉擇前要謹慎思考，抉擇後要瀟灑放下

忘記過去意味著背叛？那只是記憶的瞬間罷了！
自由就是做自己想做的事？那你小心別進監獄！
婚姻是愛情的墳墓？對某些人來說根本是寶庫！
握有財富就擁有一切？那你倒是買臺時光機來！

徐定堯，顧美琪 著

# 目 錄

# 第 01 堂課

## 朋友 —— 永不貶值的財富

# ▌交友是最廉價的買賣▐

　　生活中，每個人都需要朋友，每個人都離不開朋友，朋友的重要性是不言而喻，顯而易見的。沒有人能獨自在人生的大海中航行，沒有人能在缺少朋友的世界中生活，選擇什麼樣的朋友，就是選擇了什麼樣的人生。

　　只有了解你的人才能做你的朋友，只有洞察你弱點的人，才可能成為你忠實的朋友。友情的深淺，不僅在於朋友對你才能的欽佩程度，更在於他對你弱點的容忍程度，比你強的人成不了你的朋友；比你弱的人，你又不屑與他當朋友。只有與你各方面都差不多的人，才最容易成為你的朋友。因此，誰是你的朋友，誰就是你的生命尺度。

　　真正的朋友並不長相廝守，反而表現的十分清淡，即使相隔多年未曾謀面，一朝相會兩個人的心靈便立即交織在一起，無須任何寒暄與過渡，雙方就能融為一體。我們無法想像沒有朋友生活會是什麼樣子。日常生活中，我們會因一時的衝動和同學、同事之間發生一些小矛盾，讓自己的心理非常壓抑，此刻，你就需要向朋友傾訴自己的煩惱，釋放自己的壓力。一個人不管有多少學識，多大成就，如果不能與別人一起共存、不能培養對他人的同情心，不能對別人的事情發生一點興趣，不能幫助別人，不能與他人分擔痛苦、分享快樂，那他的生命必將孤獨、冷酷、毫無樂趣的。

　　我們應該多和超過自己的人交朋友，和一些經驗豐富、學識淵博的人接觸交往；這樣就能使自己在人格、道德、學問等方面受到薰陶，使自己具有更加完美的理想和情操，激發自己在事業方面的努力。這種力量往往是無法估量的，其激勵作用、創造力和破壞力都是巨大的。如果你和弱者為友，就會不斷地減弱自己的精神水準和工作能力，使自己的意志和理想墮落；與一個能激發我們生命中美善部分的人交往，其價值要遠勝於獲得

名利的機會，因為這樣的交往能使我們的力量增加百倍。所以，社會交往和與他人的溝通交流中都蘊藏著巨大的效益。一個性情要強的人習慣於依靠自己而不信任他人，在危難時，他寧可自尊的毀滅也不願向別人呼救；在志得意滿時，他那鋒利的個性常常傷害距離他近的人，他天性中有一股強烈的排他性，使周圍的人被他吸引又被他驅開。他的朋友只能是聳立在天邊的另一個強者。他們都不願相互走近，只要彼此遠遠地看一眼，雙方就能吸取對方的力量。

朋友越多，你就得更多的為朋友忙碌，也就是將自己的生命讓朋友分享，而忙碌的結果就是朋友越忙越多；如果你是一位不願在此方面付出的人，很有可能連過去的朋友也會逐漸消失。不願將自己與朋友分享的人，雖然保持了自身的完整，也會陷入孤獨之中，完整本身就意味著孤獨。

所謂為朋友忙碌，其實就是為自己忙碌。因為每次忙碌都包含著一種信任與期待，也許有一天朋友也會為自己忙碌。友情是一種儲蓄。儲蓄友情的人不但渴望它保值，更渴望它會增值。即使他不把儲蓄的友情提取出來使用，那也是一筆招之即來的巨大財富，它會在你最需要的時候幫助你。

「管鮑之交」是一個流傳千年的美談。這裡的管鮑是指春秋時期的政治家管仲和鮑叔牙，兩人是好朋友。管仲比較窮，鮑叔牙比較富有，但彼此間相互了解、相互信任。管仲和鮑叔牙早年合夥做生意，管仲出很少的本錢，分紅的時候卻拿很多錢。鮑叔牙毫不計較，他知道管仲的家庭負擔大，還問管仲：「這些錢夠不夠？」有好幾次，管仲幫鮑叔牙出主意做事，反而把事情搞砸了，鮑叔牙也不生氣，還安慰管仲，說：「事情做不成，不是因為你的主意不好，而是因為時機不好，你別介意。」管仲曾經做了三次官，但是每次都被罷免，鮑叔牙認為不是管仲沒有才能，而是因

為管仲沒有碰到賞識他的人。管仲參軍作戰，臨陣卻逃跑了，鮑叔牙也沒有嘲笑管仲怕死，他知道管仲是因為牽掛家裡年老的母親。後來，管仲和鮑叔牙都從政了。當時齊國朝政很亂，王子們為了避禍，紛紛逃到別的國家等待機會。管仲輔佐在魯國居住的公子糾，而鮑叔牙則在莒國侍奉另一個齊國王子小白。不久，齊國發生暴亂，國王被殺死。公子糾和小白聽到消息，急忙動身往趕回齊國，想搶奪王位。兩支隊伍正好在路上相遇，管仲為了讓糾當上國王，就向小白射了一箭，誰知正好射到小白腰帶上的掛鉤，沒有傷到小白。後來，小白當上了國王，也就是歷史上的「齊桓公」。

　　齊桓公一當上國王，就讓魯國把公子糾殺死，把管仲囚禁起來。齊桓公想讓鮑叔牙當丞相，幫助他治理國家。鮑叔牙卻認為自己沒有當丞相的能力。他大力舉薦被囚禁在魯國的管仲。鮑叔牙說：「治理國家，我不如管仲。管仲寬厚仁慈，忠實誠信，能制定規範的國家制度，還善於指揮軍隊。這都是我不具備的，所以陛下要想治理好國家，就只能請管仲當丞相。」齊桓公終於被鮑叔牙說服了。最後，在管仲和鮑叔牙的合力治理下，齊國成為諸侯國中最強大的國家，齊桓公成為春秋時期的第一位霸主。

　　「千金易得，知己難求。」人生得一知己足矣！這種對朋友數量的最低要求，恰恰是對朋友素養的最高期待。與朋友相交，還要保持一定的距離，在這個距離上，既不能冷落了朋友也不能損失自己的獨立；因而，與朋友相交是一種心靈的藝術，距離恰當了，友誼就能更為長久。有了朋友你就不孤單，有了朋友你就不寂寞。一個人的快樂兩個人分享，就變成兩份快樂。一個人的悲傷兩個人分擔，就變成了一半的悲傷。朋友可以在一起玩，在一起溝通，在一起討論問題。有什麼不開心的事可以傾訴一下，熱情的問候、真誠的關懷、善解人意的體諒、獨到精闢的觀點，語重心長的開導，能使你心情豁然開朗，跳出煩惱的圈子去面對生活，面對人生。

# ‖「兄弟」義氣害處大‖

　　有一所中學的食堂裡，高三學生小王與高一學生小李因為盛飯時的小摩擦而發生口角，兩人互不服氣。飯後，兩人氣洶洶地找來各自的哥們兒，相約到學校操場上見面。雙方一見面，小王就與小李吵了起來，並且動手廝打。為了幫哥們兒出氣，雙方其他成員紛紛動手。在廝打中，小王的哥們兒小明用磚頭將小李打成重傷。經審理，法院以故意傷害罪判處小明有期徒刑，參與群毆的其他幾名同學共賠償小李 50 多萬元。這是一件典型的由「哥們兒義氣」引發的案件。

　　談哥們義氣，首先要弄清什麼是「哥們義氣」？「義氣」在有著悠遠而又獨特的歷史，可以說一個「義」字就是一部戰爭史。在歷代封建王朝的後期都爆發過農夫起義，這些農夫起義軍的領導人大多是靠一個「義」字來成事的。《水滸傳》中梁山泊一百零八名好漢聚會議事的場所叫「聚義廳」；還有歷史上有名的劉備、關羽、張飛的「桃園三結義」。以「義」為紐帶的組織，反映「義」字的事件、人物，真可以說是滿載史冊。「義」字的種類有很多，有民族大義、革命大義、人倫大義、兄弟之義、朋友之義等等。為大義者，當勇往直前、不計生死；為小義者，要分清是非，選擇最穩當的辦法來解決。「氣」有順氣和動順之分，順氣則一切相安無事，動順則會造成嚴重的後果，大的會導致戰爭，小的會招致打架。義氣加上了「哥們」二字，就更加標明「義氣」的內容，即是為「哥們」的「義氣」。而「哥們」按其本來意義，乃是指舊社會流氓集團內部的稱謂。這樣，哥們義氣也便帶有了黑社會的行幫氣息。哥們義氣是一種狹隘的小團體意識，它最大的特點就是只講交情，不講是非，為了所謂的義氣，甘願為朋友「兩肋插刀」，這種做法不僅會害自己，還會害朋

友，給國家和社會帶來危害。這些人的所作所為看似為了「哥們」，其實是為了自己，當「哥們」危及到自身的時候，他們便不惜犧牲「哥們」而保全自己了；然而，迷信「哥們義氣」的人往往看不到這一點，常被「哥們」表面的信誓旦旦所迷惑。到頭來，吃虧倒楣的還是自己。

小劉和小張是朋友。一天，小張找到小劉，叫他一起去討債。他們來到欠債人大剛的住處後，小劉就在樓下等待。未料，小張在與大剛商討債務的過程中發生爭執，繼而相互扭打，小張掏出隨身攜帶的彈簧刀向大剛胸部、手臂猛刺數刀，致大剛因急性大失血休克而死亡。

其後，小劉和小張一道回到他家中，小劉還去菜市場買了菜，兩人一起吃了飯。而小張在小劉家洗了沾血的手，將血衣送去洗衣房後，還在小劉家中休息一會後才離開。後來，他在一家網咖被警方抓獲。庭審中，檢方指控小劉涉嫌窩藏共犯；他辯稱，他當時在樓下，未看到被害人被捅刺的過程，只是瞥見其手臂有血，沒想到會那麼嚴重；而小張也只告訴他傷了人，加之與小張是較要好的朋友，就沒有報警，並為其提供了食宿，卻沒想到這就涉嫌犯罪了。

現在有些年輕人，靠「哥們義氣」使相互關係更好、友情更深。其實這是一種假象。「義氣」只不過是一種相互敷衍相互利用的工具罷了，和則聚、不合則分，喝完酒走人，大家心照不宣。

要分清「江湖義氣」與友誼的界線。講「哥們義氣」的人，他們只想小圈子裡的「哥們」，以「哥們」、以私情為重，以「哥們」私利為先，為了「哥們」的一己之私，可以不顧法律與道德，甚至丟掉了基本的原則；為了「哥們」，他們可以毫無原則地替「哥們」上刀山、下火海也在所不辭。而對非「哥們」的人，則不講感情，不講友誼和支援，甚至為了維護「哥們」的利益而以別人為敵；為了討「哥們」歡心，證明自

己「夠朋友」，而不惜對非「哥們」的人尋釁鬧事，爭吵罵街，直至大打出手。他們想的，做的，只在幾個「哥們」中間打轉轉，對「哥們」以外的其他人則一律沒有感情，不聞不問漠不關心。而朋友之間的友誼則不同，友誼是講原則、有界限的，友誼不能違反法律，不能違背社會道德。而「哥們義氣」源於江湖義氣，會為「哥們」私利而不分是非，不講原則。所以，友誼需要互相理解和幫助，需要義氣，但這種義氣是要講原則的，如果不辨是非地為「朋友」兩脅插刀，甚至不顧後果，不負責任地迎合朋友的不正當需求，這不是真正的友誼，也夠不上真正的義氣。從一定程度來講，在現實生活中，我們還是需要「義」的。但是，這個「義」應該是正義的「義」，而不是狹隘的圍繞個人恩怨和私利的所謂「哥們義氣」。前者是出以公心，為了公利，後者是出以私心，為了私利。這就是兩者的根本區別。

對那些陷入哥們義氣而不能自拔的青少年，要耐心地幫助他們，不能急於求成，因為要讓一個人改變一種習慣絕非一日之功，應該幫助他們分清友誼和哥們義氣的區別。此外，在日常生活中，人與人之間難免會產生摩擦和衝突，面對一些不涉及根本利害關係的小矛盾，每個人都應該寬容一些、忍讓一些。正所謂：「退一步，海闊天空；讓三分，心平氣和。」

## ▌有朋友的路才更寬 ▌

「在家靠父母，出門靠朋友。」是一句老話。這句話道出了朋友在每一個人生活中的重要位置，沒有朋友的人是世界上最可憐的孤獨者。與人交朋友一定要交心，要結交那些能和你同甘共苦的人做朋友，只有交到好朋友，你的生活才不會孤獨，人生之路才會豐富多彩。曹雪芹在《紅樓

夢》中說：「萬兩黃金容易得，知心一個也難求。」偉大的物理學家愛因斯坦也說：「世間最美好的東西，莫過於有幾個有頭腦和心地都很正直的、嚴正的朋友。」

朋友可以是同性的，也可以是異性的；對異性朋友，一定要學會尊重，要大方得體，要注意友誼與愛情之間的區別，當自己的異性朋友有了戀人或家庭之後，更要注意自己的言行，以避免不必要的麻煩。朋友可以是普通人，也可以是主管。朋友就不應該有高低貴賤之分，如果有，那就是勢利眼，所以即便是地位很高的主管，也不必屈膝巴結，阿諛奉承。如果將自己的頭和對方不能平視，那就不是真正的朋友。

俗諺道：「一個籬笆三個椿，一個好漢三個幫。」我們的日常生活離不開人際社交，更少不了朋友的幫忙。正是因為世間有了真情和友誼，才使得生活顯得充實且豐富多彩。那麼，在工作生活中應該怎樣培養友誼和發展朋友呢？這裡為大家支上幾招。首先，在人際社交中我們要積極主動。主動打招呼，消除彼此的誤會或陌生感；使被動變為主動。其次，與人交往要有寬容之心。世間沒有完全相同的兩片樹葉，在與人交往時要善於求大同、存小異。要善於發現、學習他人的優點，而不是抓住別人的缺點不放。否則，你失去的可能就是一段最偉大最真摯的情誼。第三，要善於取長補短，廣交朋友。對於正處在成長期的人來說，此時正是情感豐富，好學上進的好年齡，千萬不要為了求得「一知己」而錯過和別人的正常交往。第四，在廣交的基礎上，深交幾位知心朋友。朋友是有不同層次的，有些是一般的朋友，有些是知心朋友。一般朋友可能很多，但真正的知心朋友是不會太多的。這種朋友不是輕易可以得到的，一般需要雙方的溝通、理解、協調和努力。在與人的交往中，要想建立深厚的友誼，就必須用真誠去播種，用熱情去澆灌，用理智去培養，用諒解去護理，這樣你

才能找到自己的知心朋友。

交友時需要慎重。古人云：「近朱者赤，近墨者黑。」這個道理古今貫通。人的一生如果交上好的朋友，不僅可以得到情感的慰藉，而且朋友之間可以互相砥礪，相互激發，成為事業的基石。朋友之間，無論志趣上，還是品德上、事業上，總是互相影響的。我們觀察一個人一生的道德與事業，都不可避免地受到身邊人的影響，從這個意義上可以說，選擇朋友就是選擇命運。朋友可以是興趣愛好一致的，也可以是不一致的，關鍵是在做人原則上是不是有共同的特徵。朋友的種類是多樣的，所以擇友就是選擇一個什麼水準上的朋友。根據心理學家的說法，朋友大致分為以下六類：

- **第一類**：屬於泛泛之交的朋友。這類朋友的關係淡薄，僅屬普遍性的社交的朋友。
- **第二類**：共同興趣的朋友。與這類朋友有共同的情趣，或是在學習上或是在工作上有連繫，有接觸。
- **第三類**：功利性朋友。這類朋友，功利重於感情，功利重時，友誼「牢不可破」；功利失去了，友誼也就飛走了。
- **第四類**：可信任的朋友。彼此情感真摯，可以互相信賴。
- **第五類**：能交心的朋友。這類朋友之間有相同的理想和愛好，可以互相激勵、互相幫助，為了達到共同的理想，可以攜手合作、共同前進。
- **第六類**：真正的知己朋友。彼此之間絕對信任，悲歡與共、禍福互享。

怎樣做才能交到好朋友呢？筆者建議可以從以下三點考慮：一是君子以自強不息，要努力提升自己，避免依賴朋友。友誼之花要靠朋友雙方共同努力，精心培育才能常開不敗。朋友雙方應彼此關心支持，相輔相成，取長補短，以求共同進步。二是尊重朋友，避免一切支配朋友。相互尊重

是交友的首要原則，尊重他人，才能取得他人的理解，贏得他人的信任，彼此才能建立真摯的友誼。尊重尤其展現在人格上的平等。朋友是你的朋友，但他更是他自己，在處理他自己的事情時，他可以聽取你的忠告和建議，但他完全不必受你的牽制和干涉。三是避免對朋友要求過高，求全責備。金無足赤，人無完人。人非聖賢，孰能無過？在日常的交往中，誰都會犯或大或小的錯誤，應該允許別人犯錯誤，允許別人改正錯誤。四是真誠相待，積極溝通，學會表達不滿。馬克思曾說過：「你希望別人怎樣對待自己，你就應該怎樣對待別人。」朋友之間應該相互信任，真誠相待，不因場合的變化、地位的變遷而懷疑彼此的友誼，也不會因為觀點的不一致、偶然的誤會而動搖友情。五是正確對待男女之間的交往。

真正的朋友不是在口頭上的，要在行動上互相幫助。俄國文學家車爾尼雪夫斯基說：「交朋友做什麼？為的是到緊要關頭能有儲備的代辦處。」哪一個人活在世上不會碰到困難、挫折、失敗？所以，當朋友有了困難就要伸出援助之手，尤其是處於危難之中的時刻，更要去幫助。只有患難相濟的朋友才是真正的朋友，友誼是人生最重要的東西，所以，英國學者查爾斯·達爾文（Charles Darwin）說：「談到名聲、榮譽、快樂、財富這些東西，如果同友誼相比，它們都是塵土。」

總之，當一個人對友誼採取認真、投入、熱誠、參與的態度後，就會擁有真正的友誼。如俄國詩人普希金（Alexander Pushkin）所說的：「不論是多情的詩句，漂亮的文章或閒暇的歡樂，什麼都不能代替無比親密的友情。」

# 第 02 堂課

## 愛情 —— 兩情相悅，幸福一生

# ▎對愛情,要懂得取捨 ▎

　　愛情是個幸福的字眼。在人類的幸福感比重當中,愛情和婚姻中占據了很大一部分。千百年來,人們以各種形式表達對二者的嚮往,認為得到了他們也就等於擁有了幸福,很多人為此不計後果去付諸各種行動。與此同時,另外一些人卻陷入到愛情和婚姻帶來的困惑當中,到底是為了結婚而戀愛,還是有了愛情才結婚呢?

　　說來也是,回答這個問題的確有難度。愛情是和人類歷史一樣古老的話題,在古老的著作《詩經》中,第一篇寫的就是關於男女戀愛的場面。〈關雎〉中寫到:「關關雎鳩,在河之洲。窈窕淑女,君子好逑。」雖然有詩為證,但現實還歸現實,直到今天我們也不得不承認愛和被愛都是種感覺。這種感覺與人類的其他感覺一樣,有開始也會有結束。無論怎樣刻骨銘心的愛情都會隨時間的流逝和人事的變遷而煙消雲散,能和自己相伴並共度一生的人,還是那位長相廝守的結髮妻子。雖然這種生活既沒有花前月下的浪漫,也沒有甜言蜜語的恭維,但卻成為了歲月裡沉澱下來的一杯濃酒,甘醇而芳香。然而,不管你信不信,維繫這一切的並不是因為愛情,更多的展現為一種親人彼此之間的需求。這話聽起來不大好聽,但確實是現實生活當中的真實狀態。

　　隨著人們思想觀念逐漸開放和社會發展步伐的加快,人口的流動性越來越大,在異地短暫的生活當中,任何人都有可能對異性產生感情。然而,現實生活中所要面對的種種問題又讓彼此的愛顯得渺小而脆弱。這一現象以大學在校生最具代表性,處於青春年華的他們從各地匯聚到校園裡,四年的相處生活,有過歡樂,也有過眼淚,有過沮喪,也有過於熱情。所有這一切,都將在四年後的那個初夏面臨抉擇。

　　據一份調查顯示，在大學生情侶中，一畢業就分手的情況超過了一半，在就業、前途等生存壓力面前，愛情脆弱得不堪一擊，分手成為必然。大學生小高在談起自己的戀愛往事時講到：「剛談戀愛的時候，我和女友幾乎天天在一起，一塊上課，一塊吃飯，晚上在操場散步。」小高家在外縣市，女朋友是本縣市人，家境又好。「現在面臨畢業，寫論文、投履歷、找工作，忙得暈頭轉向，和女友見面的時間屈指可數。」女朋友的父母幫她聯絡了一家薪資待遇很不錯的公司，上升空間也很大。而身為外縣市人，他要想在這座都市找份好工作實在不容易，投出的履歷不是石沉大海，就是面試後被刷下來，小高的壓力越來越大。兩人見面的時間少了，矛盾卻越來越多，有時候好不容易見一次面，一些雞毛蒜皮的事情總會引發一場爭吵。面對未來的不確定，兩人都感到茫然，當女朋友說出「分手」時，小高甚至沒有多少思考，就接受了這樣的結果。

　　不少在校大學生也明白，大學裡的愛情，「物質條件」並非首要考慮的，然而一旦走進社會，考慮的東西太多，經濟條件是重要的因素之一。但這些並沒有使他們放棄人生中難得的一份真愛，即使這份愛情不一定會有結果。心理教育專家認為，大學生戀愛是一個很普遍的現象，因為他們年齡相近，且多數住校，彼此了解更多，產生感情也是很自然的一件事情。然而，這種情感確實與社會上的一些戀愛不同，它是在特定的時間、特定的階段產生，這種情感很單純，幾乎不帶有功利色彩。校園戀人多數會在畢業時選擇分手，主要是出於對畢業後現實因素的考慮。校園裡的愛情很純潔，但也代表沒有現實基礎，走上社會後更難發展。面臨畢業，大學情侶不僅要考慮彼此是否在同一個地方工作，還要考慮很多家庭的因素。如果畢業後，不能為愛情搭建經濟基礎，那分手是不可避免的。隨著大學生的成熟，面對現實時，他們會明白對自己的婚姻、愛情應該是一個

什麼樣的態度，這些改變和成長，帶來的分手也很自然。

現實是沉重的，愛情是浪漫的。現實是有條件的，愛情是無條件的。在大學校園裡，這些戀人眼中看到的只有對方，除此之外再也沒有其他多餘的東西。在生活上，無論對方發生多麼大的改變，他們都願意相依相伴，共同承擔。但在愛情上，哪怕是對方的一個小小的疏忽，就會造成自己的傷心難過，會覺得對方的離去是天塌地陷的世界末日。他們需要的不是長久的在一起生活，攜手與共，而是在只能容下兩個人的愛情世界裡享受浪漫。這樣純粹為愛而在一起的兩個人，很容易被愛情的火焰燃燒得沒有自我，迷失方向，深陷沉淪，於是很容易被愛情本身的翻天巨浪毀擊得粉碎。

兩個為生活需求而生活在一起的人，他們可以跟對方沒有愛情，但必須是相濡以沫才能得到幸福的生活，而不是幸福的愛情。因為他們的需求不再是愛情。所以，雙方都展現出一定的包容與克制，能與對方共同面對生活。他們的內心很少受來自愛情的煎熬與傷害，於是能彼此平穩地過渡到一種生活的需要和習慣上來。直到從此相互依賴，不願與彼此分開。

所以人們常說，愛情不一定等於婚姻，婚姻也不一定是愛情。無論是哪一種，只要彼此配合得好，都能走入幸福的人生。在現實生活中，每個人一定要清楚自己想要的是什麼，是愛情？還是在一起生活？選擇好了愛情，就不要苛求能融入漫長的生活中來。選擇了一起生活，就不要再過多的計較愛情中的得與失。

# 別讓婚姻埋沒了愛情

「婚姻是愛情的墳墓。」這是大家常聽到的一句話。似乎一旦走進婚姻愛情就會被埋葬掉，要愛情，就別談婚姻，有婚姻，就別奢望愛情。俗話說：「婚姻是愛情的延續，愛情是婚姻的基礎。」在所有情感中，愛情算得上是最善變的一種情感，要將愛情持久發展下去，最好的途徑是透過婚姻，要將婚姻生活過得充實完美，最好的手段就是為愛情保鮮。然而，人的感情是複雜的，許多人由於沒有處理好愛情、婚姻、生活三者之間的關係，讓自己身陷囹圄而不能自拔。真正處理好三者之間關係又需要對三者有進一步的了解。下面三個小故事就生動地闡釋三者之間的關係。

故事一：

柏拉圖有一天問老師蘇格拉底什麼是愛情？

蘇格拉底叫他到麥田走一次，

要不回頭地走，

在途中要摘一株最大最好的麥穗。

但只可以摘一次，

柏拉圖覺得很容易，

充滿信心的出去，

誰知過了半天他仍沒有回去。

最後，他垂頭喪氣地出現在老師跟前訴說空手而回的原因：「很難得看見一株看似不錯的，卻不知是不是最好，不得已，因為只可以摘一次，只好放棄，再看看有沒有更好的，到發現已經走到盡頭時，才發覺手上一個麥穗也沒有了。」

這時，蘇格拉底告訴他：「那就是愛情。」

23

**故事二：**

柏拉圖有一天又問老師蘇格拉底什麼是婚姻？

蘇格拉底叫他到杉樹林走一次，

要不回頭地走，

在途中要取一棵最好、最適合用來當聖誕樹的杉樹。

但只可以取一次，

柏拉圖有了上回的教訓，

充滿信心地出去。

半天之後，他一身疲憊地拖了一棵看起來直挺、翠綠，卻有點稀疏的杉樹。

蘇格拉底問他：「這就是最好的樹材嗎？」

柏拉圖回答老師：「因為只可以取一棵，好不容易看見一棵看似不錯的又發現時間、體力已經快不夠用了，也不管是不是最好的，所以就拿回來了。」

這時，蘇格拉底告訴他：「那就是婚姻。」

**故事三：**

又有一天柏拉圖又問老師蘇格拉底什麼是生活？

蘇格拉底還是叫他到樹林走一次，

可以來回走，

在途中要取一朵最好看的花。

柏拉圖有了以前的教訓，

又充滿信心地出去，

過了三天三夜，他也沒有回來。

蘇格拉底只好走進樹林裡去找他，最後發現柏拉圖已在樹林裡安營紮寨。

蘇格拉底問他：「你找到最好看的花了嗎？」

柏拉圖指著角落的一朵花說：「這就是最好看的花。」

蘇格拉底問：「為什麼不把它帶出去呢？」

柏拉圖回答老師：「我如果把它摘下來，它馬上就枯萎。即使我不摘它，它也遲早會枯。所以我就在它還盛開的時候，住在它旁邊。等它凋謝的時候，再找下一朵。這已經是我找到的第二朵最好看的花。」

這時，蘇格拉底告訴他：「你已經懂得生活的真諦了。」

懂得婚姻、愛情和生活的真正含義，才能在現實生活當中正確處理好它們之間的關係。三者關係中，最重要的要數婚姻與愛情的關係。其實，婚姻和愛情同等重要，就看雙方怎樣經營自己的婚姻了。在進入婚姻之前，雙方要了解你自己的性格與愛好，婚後你期待什麼樣的生活，怎樣在婚姻中保持愛情的浪漫。一個好的婚姻裡面是應該有浪漫的，而愛情是浪漫的源泉。如果在婚姻中通往浪漫的路被堵死了，就等於為雙方的婚後生活埋下了一定的隱患。所以說，選擇什麼樣的婚姻是幸福的，還要從選擇什麼樣的愛情開始。你是什麼樣的人，就會選擇什麼樣的愛情。

最好的婚姻就是融合，認同彼此的家庭，愛彼此的親人，接納彼此的朋友。同時，雙方還要學會和婚姻一起成長，也就是說在婚姻裡，雙方永遠都能夠體會到情人一樣的浪漫。不能因為忙碌和壓力而遺失兩個人的私人時間，要度假，要休閒，沒事聊聊朋友，聊聊世界，評價評價遇到的事，聊聊孩子和老人，這種溝通，會讓你們的感情一直很契合。

在生活上，只有雙方都理性、有責任感，家庭才會運轉得很流暢；身為一對聰明的夫妻，要讓家裡有浪漫、有天真、有快樂、有夢想，這才是一個平衡的組合。倘若有了上面的這些心理準備，婚姻和愛情不僅可以兼得，還可以變為成就幸福生活的源泉。現實生活中，就有兼顧愛情和婚姻的好榜樣。

# ┃對愛你的人一定要珍惜┃

現實生活當中，有太多「後來」才明白過來的事。然而這個「後來」只能是事後的感嘆了。如果很幸運，你身邊有一個真正愛你的人。你一定要懂得珍惜他。或許當他在身邊的時候，你可能不知道有多麼愛他，甚至把自己得到的愛都是視為理所當然，很少意識到他的重要性，經常和他發脾氣，覺得和他在一起沒有共同話題，覺得兩個人之間缺少激情；但如果有一天你發現再沒有人在你身邊嘮叨，沒有人關心你，或者在你生病時沒有人照顧你的時候，你會突然發現，自己已經失去了那個最愛自己的人。

劉冠宏和王姿純是一對剛結婚不久的夫妻，王姿純對劉冠宏管得很嚴，劉冠宏走到哪裡她都要問到哪裡，劉冠宏對此很是厭煩，王姿純卻樂此不疲。

結婚那天，王姿純用買戒指的錢幫劉冠宏買了一臺智慧型手機。那天夜裡，兩人在被窩裡一遍遍地調試著手機的響鈴。他們覺得，生活就像這鈴聲，響亮、悅耳，充滿著憧憬和希望。從那時起，劉冠宏常常接到王姿純的電話：「老公，下班回家時順便買點菜。」「老公，我想你，我愛你。」「老公，晚上一起去媽媽家吃飯。」劉冠宏的心裡十分溫暖。

有一次，劉冠宏忘了幫手機充電，又恰好陪主管應酬到半夜才回到

家，推開房門一看，發現妻子早已哭紅了眼睛。原來從劉冠宏下班時間開始，王姿純每隔一刻鐘就打一次電話，結果都打不通。她更加著急，總以為發生了什麼意外，後來每隔十分鐘打一次，直到劉冠宏推開家門，她剛把手機放下。劉冠宏對王姿純的小題大作不以為然：「我又不是小孩子，怎麼可能出事？」王姿純卻說有一種預感，覺得丈夫不接電話就不會回來了，劉冠宏拍拍老婆的腦袋，笑了：「傻瓜！」不過，他再也沒有忘記幫手機充電。

後來劉冠宏升遷，有了錢，手機換了好幾臺。突然有一天，劉冠宏想起欠著老婆的那枚戒指，便興沖沖地拉她去銀樓。可是王姿純又猶豫了，說：「白金鑽戒套在手指上有什麼用啊？幫我買臺新手機好嗎？我可以經常跟你聯絡。」於是劉冠宏就幫王姿純買了一臺新手機。

那天，他們一個在臥室，一個在客廳，互相傳著 Line，玩得高興極了。

一天夜裡，劉冠宏和同事去朋友家玩牌，正玩在興頭上，王姿純打來了電話：「你在哪裡？怎麼還不回家？」「我在同事家裡玩牌。」「你什麼時候回來？」「待會吧！」輸了贏，贏了輸，王姿純的電話打了一次又一次。外面下起了大雨，妻子的電話又響了：「你究竟在哪裡？在做什麼？快回來！」「沒告訴你嗎？我在同事家玩，下這麼大的雨我怎麼回去！」「那你告訴我你在什麼地方，我來接你！」「不用了！」一起打牌的朋友都嘲笑劉冠宏是「妻管嚴」，劉冠宏一氣之下就把手機關了。

天亮了，劉冠宏輸得兩手空空，朋友用車子把他送回家，不料家門緊鎖，王姿純不在家。就在這時，電話響了，是岳母打來的，電話那頭哭著說：她深夜冒著雨出來，騎著自行車，帶著雨傘去劉冠宏的同事家找，找了一家又一家，路上出了車禍，再也沒有醒來。

　　劉冠宏打開手機，只見上面有一條未讀留言：「你忘記了嗎？今天是我們的結婚週年紀念日呀！我去找你了，別亂跑，我帶著傘！」劉冠宏淚流滿面，一遍遍看著這則訊息，他覺得自己已失去了全部，那一刻，他連死的心都有了。

　　人生在世，最不幸的事莫過於「被人愛時不知道珍惜」，當那個帶給自己最多關愛的人突然離開後，才發現他對你是多麼的重要，有他在你身邊是多麼幸福。但是所有這些事後才明白過的道理都為時已晚。要珍惜愛你的人，就要把精力放到平時生活中。對於你身邊有打心眼裡愛你的人，你要用心的去體會，去理解他的心思，去思考他到底需要的是什麼，對自己的愛人，你要用心的去珍惜他，他為你做的一點一滴，不僅僅要用語言感謝他，還要牢牢地記在心裡，常想想他為了你而去改變自己，為了你放下面子去忍耐你的壞脾氣，去習慣你和他完全不一樣的習慣，去照顧你的時間和規律，都是他因為愛所付出的。他所有的這一切，不要等到失去之後才意識到，要學會珍惜愛你的人。

# 第 03 堂課

## 家庭 —— 幸福的加油站

# 孝敬父母從現在開始

現代生活中常見的一種現象是，年輕人工作壓力大、生活節奏快，往往很少有時間和父母在一起，而有機會在一起的時候，老人往往會對子女嘮叨些生活中的瑣事，說多了，做子女的就不耐煩了，甚至不願意和父母多交流，唯恐他們嘮叨起來沒完沒了；若父母年老或病了，自然會求助於孩子的幫助，時間長了，子女倍感壓力，甚至會出現「久病床前無孝子」的現象。一方面因為照顧生病的父母而影響工作，覺得難以向公司交代，另一方面覺得來日方長，孝敬長輩還有很多時間，當老人忽然不幸離世，才深刻地體會到「樹欲靜而風不止，子欲養而親不待」的感覺，真正領悟到孝順要趁早的真諦。

難道，我們就真的那麼忙，就連回家盡盡孝心的時間也沒有了嗎？很多時候，忙只是一個藉口，關鍵是現代人的內心被外面世界的紛擾塞滿了，這是一種悲哀。可憐天下父母心，父母是最愛我們的人，可一直以來，在很多問題上，子女和父母都存在一定的分歧，人們習慣將其稱為代溝。如：當我們為流行音樂瘋狂的時候，父母可能覺得那是神經質的表現，而當父母專注於京劇、民樂時，我們可能會嗤之以鼻，暗笑他們跟不上時代的腳步；當我們怡然自得地做著「月光族」，今天花著明天的錢時，父母可能會痛心疾首說我們是「敗家子」，而當父母為了幾毛錢的小菜和小販討價還價時，我們可能會說他們太計較了；當我們遇上心愛的人而生死相許時，父母可能會勸我們不要太把感情當回事，而當父母把門當戶對，家庭條件等視為婚姻的必須條件時，我們可能會認為他們俗不可耐。

我們與父母間觀點不一致的事情太多了，有時可能會因為這些問題發生爭執，每個人都想說服對方，誰都不肯妥協，把大部分的時間都花在了

爭執上面。俗話說：「百善孝為先。」在我們短暫的一生中，到底有多少時間去孝敬一下父母呢？

讀書時，我們還小，父母就是我們的天。我們像小雞一樣躲在他們的翅膀底下，認為那是世界上最安全的港灣，而父母也樂得將我們像寶貝似的嬌縱著、溺愛著。工作後，我們朝九晚五，為了自己的事業在外奔波，而父母總是在我們三更半夜回家後亮著一盞溫暖的燈，等待著我們回家。戀愛了，那個海誓山盟的人彷彿成了生活的全部，而父母，早已被我們拋到九霄雲外了。結婚了，生活中除了孩子就是丈夫、妻子，自己家的事情還顧不過來呢！根本沒有時間去過問父母的生活。而父母，就在不遠不近的地方默默地關心著我們，孩子們生活得幸福，平平安安就是他們最大的快樂了。就算我們忽略了他們，從來沒有記得為他們過生日，有時甚至在節日都忙得沒有時間打一個電話問候一下，他們都沒有半點埋怨。

當我們走過人生的風風雨雨，經歷了世事滄桑之後，開始真正了解到父母的不容易，想到要好好的孝敬他們時，才突然發現他們都已經老了很多。現在明白還不算晚，就從現在孝敬父母吧！常回家看看、和他們聊聊天、說說自己的心裡話、抽空陪他們散散心。就算再忙，也別忘記打通電話給他們，有時間就帶著孩子一起回家陪他們吃個飯，多讓他們臉上綻放笑容，多讓他們心裡感覺快樂吧！這樣，當有一天他們老去，真的要離開我們時，至少對自己的內心是個安慰，因為在他們的有生之年，我們給了他們最想要的愛與關懷。

所以，不管我們走到哪裡，都要記住自己的父母，而且更要趁在他們身邊的時候，多孝敬他們。老人怕孤獨，愛熱鬧。看望長輩其實就是一種愛的表示，不住在一起，大家互相想著，見了面會格外親近。

在長輩心目中，最懂事、最孝順的表現就是常常打電話回家，逢年過

節回鄉團聚。其實寄錢寄物品倒不需要，報個平安老人家心就踏實了。看來，做父母的對孩子的要求很簡單，一通電話、一次團聚，就能讓他們打從心底感到幸福了。孝敬老人是傳統美德，傳承光大這種美德不僅需要從小事做起，還要從當下做起，不要在失去親人的悲痛中才領悟到這一點。俗話說：「滴水之恩，當湧泉相報。」父母給予子女生命，並為子女的成長操碎了心，熬白了頭，身為晚輩，理應孝敬長輩，關心長輩的物質需求和精神慰藉。如果總是以工作忙為藉口，忽視父母對子女的依戀和期盼，甚至不願意盡到孝的責任，對長輩不聞不問，當最終失去親人的時候已悔之晚矣！孝敬長輩要趁早，那我們就從現在開始吧！暫時停下匆忙的腳步，推掉不必要的應酬，常回家看看，讓他們感受到兒女的關懷和溫暖。

## ∥ 抽出時間多陪陪孩子 ∥

根據海外一項「家庭教育大調查」顯示，家庭 60% 的家長每天與孩子相處的時間僅有四個小時左右，親子共處時，最常從事的活動是：35% 的孩子在看電視，25% 的家長在輔導孩子學習，剩下的則是遊戲等其他選擇。家長每天和孩子說話的時間，則縮短在半小時以內，而且說的內容多是「教導性」的話語。

在這種情況下，家庭教育出現了「想要」和「需要」之間的落差，家長最想要的是：孩子功課棒、才藝佳、聽話又乖巧。所以爸媽花時間與精力最多的，還是處理「課業與升學的壓力」、「孩子學習的狀況」等問題，然而對孩子最希望與爸媽分享的「心情和情緒」，家長卻關心不多。

最近幾年，經常會聽到一些家長和老師抱怨現在的學生越來越難管，表現為思想行為怪異、學業成績下滑，沉迷網路遊戲、手機遊戲，不能積

極進取，吃苦耐勞等。引起這一問題的原因很多，但這些學生有一個基本的共同特點，那就是他們大部分和父母缺乏溝通和交流。我們說的缺乏溝通和交流，不是缺乏管教，有些父母管得很緊，同樣也會出現上述問題。因為溝通和交流培養的是情感、親情，而親情的培養主要靠家長，親情越濃，孩子和家長就靠得越近，就越容易養成良好的生活習慣和學習習慣。溝通和交流可以說服孩子，讓孩子願意和你合作，願意聽你的話，並且去做。嚴管說教是凌駕於孩子之上的，孩子容易反感，久而久之，孩子就會產生反向心理，或者產生害怕心理，從而膽小怕事。不管是逆反還是怕事，都對孩子成長不利。

如何與孩子溝通和交流呢？很簡單，平時多陪陪孩子。有時間的家長，陪孩子當然沒問題，關鍵在於如何陪，可以陪孩子玩，可以陪孩子說話，可以陪孩子看電視。陪的時候可以滲透一些簡單的道理或生活技能的講解。比如：陪孩子玩時發現孩子有浪費現象，不要一味罵孩子，而要利用這個機會教孩子養成節約的好習慣。在公共場所玩的時候，要教孩子愛護公物。每一次玩結束時，要帶孩子打掃場地，教孩子養成整潔的好習慣。陪孩子說話，要選適合孩子的話題，最好要有趣、有益。陪孩子看電視，可以給孩子講解誰好誰壞，誰對誰錯，誰是誰非；碰到科技類的，也可以和孩子一起做簡單的試驗；看到手工類的，可以和孩子一起動手做。

孩子在長大過程中，應該慢慢地給孩子多一些自己支配的空間，但也不能忘了多陪伴。在陪伴中增進情感，在陪伴中增強孩子對你的信任，在陪伴中增加你對孩子的了解，對於十幾歲的大孩子，陪起來可能就有些難度了，其實，父母只要稍微用點心也不難。在家沒有什麼玩的，就帶孩子出去玩，廣場、公園或者到外地旅遊。在家，孩子感覺不到真情，出去了，孩子就會感到一家人的溫暖和關懷，沒什麼說的，就說說家常，說說

孩子的學校、同學，說說自己的工作，說說奇聞趣事，讓孩子了解世界，擴展視野。大人在做事的時候；在安全的前提下，要讓孩子應盡量參與其中，掃地、修車、田間作業，哪怕遞送工具，也能讓孩子有成就感，同時成長了見識，增進了感情，還學到了生活的技能。

多陪，應從孩子小的時候開始，不能等問題出來了才想到陪孩子。因為問題出現時孩子可能已經和你有了距離，甚至對你有了反感，這時你的陪伴即使是認真的，可孩子卻很難和你產生共鳴。那麼，在生活節奏日益加快的現代社會中，應該怎樣陪孩子呢？筆者給出了以下三點建議：

· **學會擠出時間**：父母的陪伴，對孩子的成長影響非常大。孩子有時候會不太聽話，家長需要在火冒三丈之下，按捺住自己躁動的情緒；即使再忙也要擠出一些專屬於孩子的時間；當孩子在你的身邊調皮搗蛋，偶爾有些令人驚喜的表現時，也要及時給予安慰和鼓勵。不要因為各種理由或藉口，把孩子丟給長輩及保姆，父母的愛和引導，是任何人也沒辦法替代的。

· **學會陪孩子玩樂**：孩子在滿月之後，醒著的時間越來越多，這個時候他已經非常樂意在父母的陪伴下玩樂了，此時他還是個「被動」的小朋友，但也是各項能力發展非常迅速、非常重要的時期，正需要家長的主動引導和啟發，如果這個時候總是讓寶寶一個人待著，不給寶寶適度的刺激，寶寶的腦袋裡只能是一片空白。

· **陪伴的素養更重要**：家是孩子良好人格形成的搖籃，孩子與父母的關係，是塑造孩子人格教育的重要基礎；尤其是學齡前的階段，是孩子人格的養成期。看著孩子一天一天地長大，似乎能看見自己小時候的影子，而在陪伴孩子成長的過程中，孩子也會教會我們一些東西。聰明的父母能經常擠出時間陪陪孩子，如和孩子聊聊天，分享他的心

情、心事。即使你能陪伴孩子的時間真的很短，但只要注重方法，仍然能讓孩子感受到你對他的關心，這樣孩子的穩定情緒與自信心就會持續成長。

最後，對於那些打工忙人、生意忙人、應酬忙人，應該根據自身職業的特點來選擇陪孩子的方式。具體說來就是，比如打工忙人，他們大多數都很辛苦，也確實很忙，但可以打電話，平時多打電話鼓勵，說說家事等，千萬不要一打電話就講大道理，這樣孩子會反感的。此外，平時探親回家，也可抓住機會，多陪陪孩子。至於生意忙人和應酬忙人，則完全有可能擠出時間多陪孩子。特別是應酬忙人，少玩一次、少喝一次酒、少打一次牌，就有時間多陪陪孩子，孩子們是很在乎這些的。

## ‖ 幸福家庭是經營出來的 ‖

現實生活中，很多夫妻在共同生活了一段時間之後，常常會有這樣的疑問，為什麼婚後的生活中總感覺有這樣或那樣的不盡人意？為什麼感覺婚後的他或她對自己越來越冷淡？為什麼夫妻間找不到渴望中的默契？在回答這些問題之前，首先要認知到婚姻和其他事情一樣，除了有一個美好的開始以外，還需要婚後的維護與經營。只有這樣，你的婚姻生活才會幸福美滿。在婚姻生活中，男和女是一個複句中的兩個主詞，無論誰在前誰在後，都要把後面的謂語和賓語組織好。偷懶和不負責任都會使婚姻出現問題。因此，想要家庭幸福、夫妻恩愛，就應該保持婚姻的熱情，就需要懂得如何經營婚姻。

當下很多人已經意識到婚姻是需要經營的，因為時代在改變，沒人願意過貌合神離的夫妻生活，更無法接受痛苦的婚姻關係。因此，好好

維護、照顧與保養自己的婚姻顯得十分必要。就好比一盆植物要勤澆水，多施肥，接受充足的陽光一樣，婚姻也要時時給予所需的水、陽光與維生素。人們常說：「一個成功男人的背後會有一個偉大的女人。」這話不是真理但有道理。丈夫要以事業為主，家庭為輔；妻子要以家庭為主，事業為輔。這才可能是婚姻幸福的前提條件。學會生活，善待自己。人們常說一句話：「生活就像一面鏡子，你對它哭，它對你也哭，你對它笑，它對你也笑。」而人們最容易犯的錯誤就是認為你犯的錯誤憑什麼我先笑！如果兩人都這樣想，生活便少了樂趣，多了怨恨。通常情況下，我們在無法改變別人的情況下就應先改變自己，無法改變環境就改變自己的心態才是上策。

　　從婚姻發展的角度說來，一對夫妻結婚以後，要度過各個階段的婚姻生活，也要處理各個階段面臨的生活問題。比如剛結婚時要完成角色的轉化，由兒女過渡到夫妻，中間是與原生家庭的分離；養育子女階段會比較辛苦，角色再一次轉變，同時還要兼顧事業及雙方的情感需求；中年以後，養育子女的任務基本完成，夫妻間的生活變得更為重要；夫妻能否好好相處，能否有感情，變成是主要的婚姻課題，不要認為已經結婚十多年，沒有問題，其實它仍舊需要時時去照顧，否則中年以後的生活很難繼續維持良好的婚姻關係，白頭偕老就變得難以實現。總之，婚姻是要從頭至尾一直經營的，就像一個人做生意，如果不好好經營就會面臨倒閉甚至是破產。

　　那麼，在現實生活中，如何經營婚姻才能獲得良好的效果呢？可以從以下幾點做作嘗試：

- **注重婚姻生活**：夫妻二人要能共同認知到婚姻是人生的基礎，婚姻是家庭的主軸，而且要有決心始終不渝地加以維護。具體地說來，夫婦要能隨時坐下來，一起去審查自己的婚姻狀態如何，有什麼好的地方，有什麼不理想的地方，希望往哪方面去改善求進步；有了困難還

得考慮如何共同去解除。要花足夠的時間去關心自己的夫妻生活。許多丈夫以工作忙或身體累作為藉口，少關心家事，不太注意妻子的心理需求，也不照顧夫婦的生活。同樣，有不少妻子也常用需要照顧孩子或服侍老人為理由，而忽略了丈夫的需求，也不去維護夫婦倆的情感生活。家事忙、工作忙固然是個事實，也可能是正當的理由。就像一個人總以忙為藉口而不去看醫生、做所需的檢查，一對夫婦不去照顧自己的婚姻的話，等到問題發生了，就後悔不及了。

· **關心夫妻的關係**：夫妻關係是家庭關係中重要的主軸關係，它包括夫妻間的溝通與交流，除了能時時交談彼此的想法與感覺以外，夫妻間要能適當地保持透明度，不要有隱瞞的事。不能為了一方不贊成，自己就私自給自己的家裡送東西或給錢。萬一對方發現就會很不高興，認為你事先沒有商談，背後做偷瞞的事，傷害彼此的信任感與感情。有些人怕愛人擔心，就把一些不好的消息隱瞞愛人，包括工作上的不順利或身體的不適。其實，這是把愛人「幼稚化」的行為，沒有把自己的愛人當成是成熟的人看待，遇此情況，兩個人應該共同面對與承擔所遭遇的困難。況且，許多事可由他們提供客觀的意見和其他的想法，用不同的技巧與方式來處理問題。把事情不告訴給愛人，並不是保護，而是沒有充分善用愛人的智慧來提供幫助，是不尊重愛人的做法，也是沒有好好結合，達成共同聯盟去應付困難的選擇，不能算是能合作的夫妻。有苦共受，有樂共用的態度與習慣，能聯盟、結合對外，才是健康的夫妻；能扮演相配與相補的角色，發揮夫妻彼此的功能，能相互體貼、照顧，提供意見去處理問題，才是成熟的夫妻表現。

· **滿足男女雙方的心理需求**：想要長久維持夫妻的關係，還要能注意夫妻這對「男與女」的心理與感情的需求。根據有些心理學家的剖析，一個

男人的心裡暗地裡渴望著有兩種女人，即忠實、守貞、勤勞、守家的妻子，以及體貼、浪漫、多情的情婦；而相對地，一個女人內心裡也希望有兩種男人，即誠懇、可靠、強壯、會照顧家的丈夫，與瀟灑、會挑逗取樂、富於情感的情人。從另外一個心理學理論上來講，每一個人身上都有三種狀態，即父母狀態、成人狀態、兒童狀態，一個人如果能平衡好自己的這三種狀態，在適合的情境下展現自己的這三種狀態，就是一個健康的人。夫妻如果雙方都能在婚姻關係裡配合好這三種狀態，比如一方生病時，另一方表現出父母樣關心狀態；交流問題時雙方展現的是各自的成人狀態，這樣應該是一對非常幸福美滿的夫妻。另外，雖然說夫妻可能天天忙於日常的工作，要養育子女，要照顧父母，但也得留出一定的時間，讓夫妻兩人單獨在一起溝通交流。偶爾出去散散步，逛逛街，看電影，甚至做個短程的旅行，恢復從前戀愛時的活動，都可以打破天天一樣的日常生活，給夫婦帶來點刺激與變化，增加夫婦生活的樂趣，繼續保留夫妻間的好感情。

- **保養婚姻，避免傷害婚姻**：要維持美滿的婚姻，要懂得時時給予保護，不要讓自己無形中破壞自己的婚姻，或者讓第三者介入；夫婦兩人吵架時，要注意就事論事，把你不喜歡的地方說出來，解釋為何你不高興，但千萬不要添油加醋，說些很難聽的、傷人情感的話。夫妻如一雙左右手，用一邊的手拚命去打另一邊的手，並沒有什麼好處，只有對自己的壞處。再有就是，不要做出對方知道了會不喜歡的事，比如妻子明明告訴你她不喜歡在家裡養寵物，可是你卻只顧自己的喜愛而執意去做，就是明明讓妻子不高興。如果雙方經常漠視對方的意見，就是在打破夫妻間的感情，等於是故意放棄婚姻關係。

# 第 04 堂課

## 平安 —— 人生最大的幸福

# ‖ 出門在外，安全第一 ‖

出遊選擇開車出行成為大多數人的選擇。旅行途中，我們除了要注意遵守交通規則外，還要學會各種安全防範技巧，掌握必要的自救資訊，以免在意外發生時遭遇不測，這裡向大家介紹幾點應該注意的方面：

· 停車狀態下的防範，無論到哪裡都記得要上好防盜鎖，不要把包放在車廂的任何地方，很多受害人總認為包裡沒什麼東西，但是犯罪分子只有砸了你的車窗後，才知道果然沒有什麼東西。所以，下車前要放置好錢包、手機以及其他箱、包、袋等相關的物品。

· 行駛中停車的防範，上車請鎖好門鎖，防止拉開車門搶奪副駕駛座上的包包，任何情況下都不要輕易地打開車門，或搖下車窗，包括有人拍門叫喊，先從車的後視鏡中觀察車身周圍，在確認無意外事故的情況下，請立即撥打 110 報警，即使不是犯罪分子搗亂，至少保證你的人身和財物不會被侵害，另外要提醒的是不要熄滅引擎。

· 偏僻路上請盡量不要停車，特別是晚上。在高速上過天橋的時候要時刻注意橋上是否有人，如果有，一定要減速通過，一定要注意防範。因為國外有犯罪分子企圖用彈弓打碎你的前擋玻璃，而讓你在異地他鄉高價換玻璃，有些不法之徒很有可能會趁火打劫。

· 車鎖的使用事項。下車時，一定要檢查方向盤鎖、後備箱鎖以及底盤鎖是否鎖好，以防歹人用解碼器作案，如果你用遙控器鎖車後，記得要用手扳一下把手，防止犯罪分子用車鎖遙控遮罩器作案。

# ▏避免不必要的爭執▕

　　與人爭執是生活中一種常見的現象。每個人由於出生背景不同、文化水準差異，對同一件事看法也會不盡相同，加之個人的認知水準有限，每個都不會首先承認自己的觀點是錯誤的，於是一場口舌之爭在所難免，每個人都試圖說服對方接受自己的觀點，似乎只有那樣才會給自己帶來榮譽感，但爭執也會帶來很多不必要的麻煩，如一些無意義的爭執會浪費你大量的時間；如果爭執發展升級，很可能會破壞你的人脈關係等。

　　爭執的起因通常有三種：一是企圖改變一些事情或現況。二是想要引起旁人注意。三是感到憤怒或喜歡爭辯。對付第一類多事型，不妨先讓對方暢所欲言，再使用前面所說的技巧處理。但碰上第二、三類人時，則必須先認清狀況再決定如何應對。不甘寂寞的人引發爭吵的目的只為求別人注意。他們很清楚，只要激烈地唱反調，就會有人注意。另一類尋求注意者的表現方式則較溫和，他們純粹為反對而反對，硬要把黑說成白，白說成紅。碰上這種人，不妨微笑點頭，然後改變話題。你不必奢望要教育或改變這種人，讓他們相信所願相信的事。好戰者則通常是因為對事不滿而找人爭吵。我們應該保持冷靜與不介入糾紛的態度。存在意見分歧時，要尊重對方表達不同意見的權利，就可以避免激烈的爭執場面。通常情況下，只要有一方不強迫另一方接受自己的看法，另一方也不會堅持到底。

　　面對不同的意見時，要坦然接受，積極交流，而不是進行無謂的爭吵。美國著名成功學大師戴爾・卡內基（Dale Carnegie）指出：普天之下，只有一個辦法可以從爭論中獲得好處 —— 那就是避開它。生活當中的爭執十之八九是讓爭執的雙方更堅信自己是正確的。不必要的爭論，不僅會使你喪失朋友，還會浪費你大量的時間和精力。一個說話水準很高的

人，他是絕不會用爭論的方式來解決問題的。

　　威廉‧麥金利（William McKinley）任美國總統期間，一天，幾個人衝進他的辦公室，向他提一項抗議，為首的是一個脾氣很大的議員，他一開口就用難聽的話咒罵總統，而麥金利卻顯得異常平靜，他一言不發，默默地聽這些人叫嚷，因為他知道，現在作任何解釋，都會導致更激烈的爭吵，這對於堅持自己的決定很不利。所以，麥金利默默無語地任這群人發洩他們的怒氣，直到這些人都說得精疲力竭了，他才用溫和的口氣問：「現在你們覺得好些嗎？」此時，那個議員的臉立刻紅了，面對總統平和而略帶譏諷的態度，他頓時覺得自己好像矮了一截，他彷彿覺得自己粗暴的指責根本站不住腳，而總統可能根本就沒錯。接著，總統開始耐心向他們解釋自己為什麼要做那項決定，為什麼不能更改。雖然，這位議員並沒完全聽懂總統的話，但他在心理上已經完全服從了。他回去報告交涉結果時，說道：「夥計們，我忘了總統所說的是些什麼了，不過他是對的。」

　　面對對方的咒罵和責難，麥金利總統並沒有和他們激烈爭吵，而是憑著他的自制力和耐心在心理上打了一個勝仗。美國眾議院著名發言人薩姆‧雷本（Sam Rayburn）說道：「如果你想與人融洽相處，那就多多附和別人吧。」他這番話並不是說要你必須同意別人所說的一切，而是讓人們友好相處。無休止地激怒別人和爭執會影響彼此之間的溝通和交流，想要融洽相處，就要避免爭吵。亞伯拉罕‧林肯（Abraham Lincoln）曾說：「寧可給一隻狗讓路，也比和牠爭吵而被牠咬一口好。被牠咬了一口，即使把狗殺掉，也無濟於事。」遇到那些蠻橫不講理，或者為了炫耀自己而處處和人爭執的人，我們更要避免和他們爭吵。在非原則問題上避免和他們發生衝突，否則只能浪費我們的時間和精力。學會避免不必要的爭論可以從以下幾個方面努力：

- **認真接受不同的意見**：當別人指出你的錯誤和不足的時候，你要虛心接受，積極改正錯誤；當別人的意見和你不一致時，也要耐心傾聽。不同意別人的觀點時，不妨一笑而過。

- **不要急於為自己辯解，固執己見**：把自己的觀點當作至高無上的真理，把自己的話當作金科玉律，這樣的人總免不了和別人爭吵。因此，先冷靜地聽完對方所有的觀點，客觀地分析和思考，說不定就能從中獲得極大的益處，客觀冷靜是最好的說話態度。

- **說話要誠實、坦然**：當發現自己有錯誤時，就不要再為此而掩蓋或找理由，那樣只會欲蓋彌彰。誠懇地向對方坦白自己的錯誤，並且請求他的諒解，這樣做就不至於爭論起來。

- **積極尋找雙方的共同點**：「話不投機半句多。」很多爭執的導火線正是談話中的分歧和矛盾。有些爭論，到最後雙方才發現彼此的觀點其實有很多相似的地方，完全沒有必要去爭執不休。因此，在談話一開始，就努力尋找雙方的共同點，既能保持雙方的良好關係，又能使談話順利進行。掌握這幾個原則，就可以避免無謂的爭吵，讓談話順利進行。

## ∥ 平平安安才是真 ∥

　　一個因交通事故躺在加護病房裡的人最能體會到，面對自己的生命，什麼都顯得那麼微不足道、平平安安才是真的那句話的含義。然而，在現實生活中，又有多少人有使生活平平安安的準備呢？也許每個人對於平安的理解和期望各不相同，但希望自己及家人平安的心理一定是相同的。阿佛烈‧諾貝爾（Alfred Nobel）曾說過一句話：「生命，那是自然給人

類雕琢的寶石。」我們要珍惜這塊「寶石」。我們需要平安，我們祈求平安。所以，平安是福啊！

　　一個鮮活的生命今天還好好的，明天說不定就不在了。所以，無論是社會菁英，還是普通百姓，上天都不會給你別樣的眷顧，在死亡面前，人人都是平等的。有些人為了仕途，不惜趨炎附勢，勾心鬥角，為了達到自己的目地，使出渾身解數，也許他可以輝煌一時，在位期間，風風光光，耀武揚威，但是一旦下臺，那種失落感就會隨之而來，那些阿諛奉承，拍馬逢迎的日子都將成為過去，最終落個門前冷落的結局。常言說：「人無千日好，花無百日紅。」要用平常的心態去看待一切，富人也好，窮人也罷，只要有一個好的身體，一家人平平安安，就是最大的幸福。如果世人都看透了這一點，就不會為利益擠破頭，甚至不惜以身試法。有些人十分富有，有一輩子也花不完的金錢，但是他仍然不知足，這山望著那山高，甚至不惜拿命換錢，到頭來栽了跟頭才發現所做的一切都是不值得的。正如有人說的那句話：「世界上最痛苦的事就是人死了，但錢沒還花。」即使你有再多錢又能如何呢？

　　只有那些經歷了生與死的考驗的，才能大徹大悟，懂得生命的珍貴；只有那些經歷劫難的人在重獲新生後，才明白平平安安才是福的真正含義。同時，他們還會悟出這樣一個道理：那就是一個人即使再富有，當生命即將失去的時候，他會發現這些財富其實對自己並沒有那麼重要，平平安安地度過自己的一生才是值得自己追求的東西。

　　1999 年 9 月 21 日的 921 大地震，在那短短的 102 秒，無數家園瞬成廢墟，無數親人生離死別，無數孩子成為孤兒，數以萬計的人的命運瞬間改變，在那樣的時刻，每一個人都深刻體會到了平安的重大意義。在一切災難降臨的時候，人的生命才是最重要的，所謂平安是福就是這個理。

對在災難中倖存的人來講，能平安的活下來就代表著一切還有機會，一切都可重來；只要心還在跳動，手腳還都完好無損，就能重新創造未來。只要雙手能觸摸這個世界，能感受自己與他人的心跳，就絕不孤單。那些在災難中失去親人的朋友，刻骨銘心的痛可能永遠揮之不去，但在面對未來時，也要堅強的走下去，我們祈求平安，祈願所有的親人朋友，不管在哪裡，請珍惜自己福分，平平安安就是福！

幸福的生活就是接受現實給予的，不強求那些不屬於自己的。如果你在人生中迷失了方向，就會成為自己欲望的奴隸，那你的生活也會失去原有的色彩。和珅是歷史上有名的大貪官，據說他的家產富可敵國，可是他就是不知足，無限的放大自己的貪欲，以至後來被嘉慶皇帝賜三尺白綾自裁。古往今來這樣的例子不在少數。生活中能夠保持清醒的頭腦，懂得取捨，才能活得瀟灑，活得自在。

人生的過程就是一次艱難旅行的過程。生命對於人只有一次。短暫而美好的人生使我們看中了對生命的無限珍惜，我們完全沒有必要為「名利」二字奔波勞神，更沒有必要為失去的一切哀怨悲嘆。閒看庭前花開花落；去留無意，漫隨天外雲卷雲舒。生活中雖有太多的不平事，但只要順其自然，笑對人生，淡泊明志，平安便會相伴一生。與平安結緣，才能與幸福相伴。

生活中，人們最希望的，最關心的就是平安了，真心希望整個世界都充滿和平，希望人們所有的夢都能成真，所有的仇恨輕易消散，希望世界上多些愛，只有人間大愛，才能恆久彌新。平安是福。平安是愛。因為只有在平安的光芒下，世間一切才能夠平等，才能夠可愛，而所有的生活，因在愛的光芒照耀之下，更加繽紛光彩起來。人的一生，快快樂樂就是福，平平安安才是真。

# 第 05 堂課

## 健康 —— 金錢買不到的奢侈品

# ‖ 堅持鍛鍊是保持健康的良藥 ‖

　　每個人都希望自己有個健康的體魄。但什麼樣的體魄才是健康的呢？很多人都會有這樣的疑惑。有些人滋生貪圖享樂、得過且過的扭曲心理，他們揮霍浪費，暴飲暴食、經常熬夜、泡夜店、通宵打遊戲、熬夜追劇、生活沒有規律、不參加運動等，彷彿自己是一個存滿健康的銀行，再怎麼透支也不為過度。

　　但往往事不如人願，當你毫無節制的去透支你的身體的同時，一些慢性病也在無情地侵害你的健康。在巨大的生活壓力面前，我們不僅要忙於工作，更要注重自己的身體健康，保持健康最有效的手段是堅持鍛鍊身體。人是有生命的動物，運動是動物的天性。人在進行運動時，由於體內能量消耗的增加，代謝產物增強，即收縮的力量加大，次數增加，血液循環量增加，從而保證體內較高的新陳代謝水準的需求。活動時，心臟功能的變化就成為心臟功能改善的因素，長期堅持科學鍛鍊，能使心臟機能得到改善、提高。經常保持鍛鍊，可使心臟在結構機能方面發生良好的改善。人體的消化系統好像一個食品加工廠，它的作用是消化和吸收營養物質。主要由口腔、咽、食道、胃、小腸、大腸和肛門等構成的消化道以及唾液腺、肝臟、胰臟等組成。我們平時吃的食物，要經過消化道的消化，胰的複雜加工，才能變成人體能夠吸收和利用的營養物質。體能鍛鍊時，新陳代謝比平時大大加強，體內營養物質大量消耗。在體能鍛鍊時新陳代謝作用要比安靜時增加 10 倍，甚至 20 倍。當體能鍛鍊結束後，體內消耗的物質要及時得到補充，勢必要從外界攝取更多的物質，經過消化系統的加工變成體內的物質，顯然消化系統的工作要比原來大得多，這樣日復一日，就提高了消化系統的功能。

經常保持鍛鍊的好處從防止慢性疾病到能夠提升自信心和自尊心。而且，不管年齡、性別或體格等因素的存在，鍛鍊帶來的好處都是屬於你自己的。下面就介紹一下堅持鍛鍊給你的生活帶來的益處。

· **鍛鍊會改善你的心情**：度過了緊張的一天，鍛鍊可以刺激多種大腦化學物質的產生，這些化學物質會讓你感到比鍛鍊前要快樂得多也輕鬆得多。要是你定期地進行鍛鍊，你也會變得好看點，感覺也舒服點，定期鍛鍊可以增強你的自信心和自尊心。鍛鍊甚至會減少你身上的壓力和焦慮的感覺。

· **鍛鍊能抗擊慢性疾病**：你在擔心著心臟病？希望能避免骨質疏鬆症的出現？定期的鍛鍊也許能幫助你。定期運動可以幫助你防止或控制高血壓（Hypertension）的出現。你的膽固醇濃度（Cholesterol concentration）也會因此而受益。經常運動，高密度脂蛋白（HDL）或「有益」膽固醇會增高，而低密度脂蛋白（LDL）或「有害」膽固醇則會減少。透過減少動脈內斑塊的集結，這一「組合拳出擊」會讓血液流動得更為順利。還有，定期鍛鍊也可以幫助防止 II 型糖尿病、骨質疏鬆症和某些種類癌症（cancer）的出現。

· **鍛鍊會幫助你控制住體重**：運動的時候會消耗掉一些熱量，運動得越激烈，熱量消耗得就越多，你也就越容易控制住體重。你甚至不必騰出大把時間來做運動。走樓梯，而不搭電梯；午餐後休息的時候去散散步；在商業活動期間跳跳舞，或者晚上關掉電視到外面逛逛街，都能達到一定的鍛鍊作用，不要小看這些活動的作用，如果每天都堅持如此，可以幫助消耗身體的熱量，達到控制肥胖的作用。

· **鍛鍊能讓心臟和肺功能得到加強**：定期的鍛鍊會讓你呼吸得更自如。運動會給你身體內的組織輸送氧氣和營養。實際上，定期的鍛鍊會幫

助身體內的整個心血管系統更有效地運轉。當心臟和肺的功能得到更為有效地發揮的時候，你就會有更多的能量去做你喜歡做的事情了。

- **鍛鍊可以促進更佳的睡眠**：一次好的夜間睡眠會提高你的注意力，提升你的生產力以及改善你的心情。鍛鍊是好睡眠的關鍵。定期的鍛鍊可以幫助你更快地入睡，而且讓你睡得更深。

- **鍛鍊是件讓人氣喘吁吁卻很快樂的事**：生活中，不必把鍛鍊當作一件苦差事。你可以去參加交際舞班。去攀岩或徒步旅行，可以計畫一次鄰里足球或觸身式籃球比賽。找出你喜歡的運動，然後就去做這項運動。要是你覺得厭煩了，就試些新的東西，只要運動就一定會有好處！

- **延年益壽**：俗話說：「身體鍛鍊好，八十不算老；身體鍛鍊差，四十長白髮」。大量的研究表明，有規律的體能鍛鍊可以延年益壽。有一項持續 30 年的研究顯示，不鍛鍊的人比經常鍛鍊的人早逝的可能性多 31%。有規律的體能鍛鍊可以預防人們談之色變的心臟病和癌症的發生。

# 養成良好的作息習慣

隨著人們生活節奏地日益加快，對生活的選擇也更加多樣化。熬夜、睡覺、節食、暴飲暴食、缺乏鍛鍊等不規律的生活習慣，都在威脅著我們的身體機能，為健康帶來隱患。持久的健康來自對身體的呵護，呵護的方法就是養成有規律的作息習慣。學會科學的作息，不僅可以為健康加分，還能延年益壽。

規律的作息方式應該包括休息和飲食兩大部分。

首先談休息方面，平時要堅持早起，保持充足的精力。睡覺使大腦

皮質（cerebral cortex）抑制時間過長，天長日久，可引起一定程度人為的大腦功能障礙，導致理解力和記憶力減退，還會使免疫功能下降，擾亂肌體的生物規律，使人懶散，產生惰性，同時對肌肉、關節和泌尿系統也不利。另外，由於夜間關閉門窗睡覺，早晨室內空氣混濁，戀床很容易造成感冒、咳嗽等呼吸系統疾病的發生。因此，堅持早起，到室外呼吸新鮮的空氣，對身體益處多多。午間休息，精力充沛。適當午睡對於減輕身心疲憊，提高學習工作效率非常有益。午睡不在於時間長短，關鍵在於品質。有研究表明，午睡半小時，可以勝過晚間睡眠兩小時給身體帶來的輕鬆感。正常就寢，絕不熬夜。研究表明，如果長期熬夜，更會慢慢地出現失眠、健忘、易怒、焦慮不安等神經、精神症狀。過度勞累使身體的神經系統功能紊亂，引起體內主要的器官和系統失衡，比如發生心律不整（Arrhythmia）、內分泌失調（Endocrine disorders）等等，嚴重的就會導致全身的應激狀態、感染疾病的機率相應提高。美國的免疫學家在對睡眠和人體免疫做了一系列研究後認為，睡眠除了可以消除疲勞，還與提高免疫力、抵抗疾病的能力有著密切關係。有充足睡眠的人血液中的 T 細胞（T cell）和 B 細胞（B cell）均有明顯上升，而這兩種細胞正是人體內免疫力的主力軍，所以即使在相對緊張的工作中，也要保持充足的睡眠。

在飲食方面：一日三餐是人在漫長的歲月中形成的適應人體腸胃環境及生理功能的生理規律，定時進餐可以維持血液中營養物質的穩定，保證人體的正常活動。一般來講，每餐之間間隔 4 ～ 5 小時是根據食物在人體胃中停留的時間決定的。早餐。在起床後 20 ～ 30 分鐘吃早餐最合適，因為這時人的食慾最旺盛。而且早餐與午餐以間隔 4 ～ 5 小時左右為好，也就是說，如果早餐過早，那麼數量應該相應增加或者將午餐相應提前。午餐。午餐是一天中最重要的一餐，應該讓自己在一個輕鬆的環境下吃午

餐。這樣不但有益精神的放鬆、還有助於消化，對身體大有好處。晚餐，一般宜在晚 6 點以後、7 點以前吃為最好。這樣，4 小時以後，即到晚 10 點以後或 11 點左右睡覺，較為適宜。同時應該強調的是，三餐時間要固定，形成有規律的生理時鐘。

其實，養成良好的作息習慣對一個人的健康至關重要，學會養成科學地作息並持之以恆地堅持下來，將使你終身受益。下面就介紹我們怎樣科學地安排自己的作息時間。需要說明的是，由於地域和生活環境的不同，讀者可根據自己的實際情況做適當的調整。英國威斯敏斯特大學的研究人員發現，那些在早上 5：30 ～ 7：30 分起床的人，其血液中有一種能引起心臟病的物質含量較高，因此，建議每天在 7：30 之後起床對身體健康更加有益。7：30 ～ 8：00 即在早餐之前刷牙。「在早餐之前刷牙可以防止牙齒的腐蝕，因為刷牙之後，可以在牙齒外面塗上一層含氟的保護層。8：00 ～ 8：30 吃早餐。早餐必須吃，因為它可以幫助你維持血糖水準的穩定。8：30 ～ 9：00 避免運動。在早晨進行鍛鍊的運動員更容易感染疾病，因為免疫系統在這個時間的功能最弱。9：30 開始一天中最困難的工作。研究人員發現，大部分人在每天醒來的一兩個小時內頭腦最清醒。10：30 讓眼睛離開螢幕休息一下。如果你使用電腦工作，那麼每工作一小時，就讓眼睛休息 3 分鐘。11：00 吃點水果。這是一種解決身體血糖下降的好方法。12：00 是吃午餐的時間。你需要一頓可口的午餐，並且能夠緩慢地釋放能量。13：30 ～ 14：30 午休一小會兒。研究發現，那些每天午休 30 分鐘或更長時間的人，因心臟病死亡的機率會下降 37%。16：00 喝杯優酪乳。這樣做可以穩定血糖水準。17：00 ～ 19：00 鍛鍊身體。根據體內的生理時鐘，這個時間是運動的最佳時間。19：30 吃晚餐。晚餐要少吃，吃的太多，會引起血糖升高，並增加消化系統的負擔，影響睡眠。

21：45 看會電視。這個時間看會兒電視放鬆一下，有助於睡眠，但要注意，盡量不要躺在床上看電視，這會影響睡眠品質。23：00 洗個熱水澡。「體溫的適當降低有助於放鬆和睡眠。」23：30 上床睡覺。如果你早上 7 點 30 起床，此時入睡可以保證你享受 8 小時充足的睡眠。

　　人的身體就如同一臺機器，各個器官就是這臺機器的組成要件。他們各自分工明確，承擔任務。保證我們的身體的健康運行。以下就簡要介紹一下在不同時段，人體器官的不同功能和作用。

- 晚上 9～11 點為免疫系統（淋巴）排毒時間，此段時間應安靜或聽音樂。
- 晚間 11 點～凌晨 1 點是肝的排毒，需在熟睡中進行。
- 凌晨 1～3 點，是膽的排毒時間。
- 凌晨 3～5 點是肺的排毒。這就是為什麼患有此類疾病的人在這段時間咳得最劇烈，因排毒的過程已經到了肺；此時不應用止咳藥，以免抑制廢積物的排除。
- 凌晨 5～7 點是大腸的排毒，應上廁所排便。
- 凌晨 7～9 點是小腸大量吸收營養的時段，此時段適合吃早餐。生病的人應提前至 6 點半之前吃，養生族應在 7 點半前，不吃早餐者應改變自己的習慣，即使拖到 9～10 點吃都比不吃好。
- 半夜至凌晨 4 點為脊椎造血時段，必須熟睡，不宜熬夜。

# ｜做事業不要太玩命｜

快節奏的生活，使上班族們精神不得不高度集中，超負荷工作使大腦在晚上還處於亢奮狀態，以致睡不著覺。在巨大的生存壓力面前，每一個人似乎都在拚命的做事業，以證明自己存在的價值。但幾十年來，越來越多的年輕人猝死現象為人們敲響了警鐘，警示人們在努力工作奮鬥進取的同時，一定要學會珍惜自己的身體，既要努力打拚，也要學會放鬆休息。

不會休息，就不會工作。其實，工作和休息是相輔相成的，休息是為了工作，工作是為了更好地休息。學會高效率的休息對工作和生活都有莫大的好處。休息的方式有兩種：積極休息和消極休息。積極休息就是要遵從「生命在於運動」的規律，運動是一切生命的源泉。要堅持經常鍛鍊身體，人體就像一臺機器，長時間不運動就會生鏽、動作遲緩、力量消退，甚至產生病變。戰國名相呂不韋說：「流水不腐，戶樞不蠹，動也。」只有活動，才可以除去各種各樣的疑慮、操心和煩躁的事，力求超脫，將它們拋到九霄雲外去，從而增進健康。良好的健康狀況和由之而來的愉快的心情，是人生最大的財富。對於那些有車族來講，應該記住這樣一個事實，對健康最大的威脅是以車代步，而不是什麼交通事故。消極休息就是睡眠，閉目養神，打瞌睡等。人的一生三分之一在睡眠中度過，沒有睡眠就不會有人類生命的延續，可見消極休息的重要性。睡眠又分慢相睡眠或叫慢波睡眠和異相睡眠或叫快波睡眠、快相睡眠。慢相睡眠時段分為：嗜睡 —— 淺睡 —— 中睡 —— 深睡四個階段。研究發現：中睡和深睡最有利於人們獲得充分休息和全身功能的恢復。而快相睡眠時段，一方面表示睡眠更深，肌肉更加鬆弛；另一方面一些內部現象，諸如血壓、體溫、心率等較慢相睡眠時段升高和加快，有些人出現口角肌和四肢的一些肌肉群

輕微抽動，胃腸活動增加，胃酸分泌增多等等。快相睡眠時不僅是睡眠的重要階段，而且對於整個的生命都有特殊的意義。因為這個階段體內代謝功能都明顯增加，以保證腦組織蛋白的合成和消耗物質的補充，使神經系統能正常發育，為人們第二天的活動積蓄力量。

現實生活中，不會休息的人常常以某些名人為榜樣，認為只有廢寢忘食、夜以繼日地工作、工作再工作，就能取得優異成績，並以犧牲休息為自豪。其實這種想法是非常片面的。許多名人所以在工作中做出驚人成績並非因為他們以犧牲休息為代價，恰恰相反，他們當中許多人因為很重視休息，才贏得了健康的體魄和旺盛的精力，這正是他們成就事業的基礎和本錢。

英國前首相溫斯頓‧邱吉爾（Winston Churchill）在二戰時期領導著英國的反法西斯戰爭，其責任重大、工作繁忙可想而知，但他對休息非常重視。第二次世界大戰時，他已 70 高齡仍然日理萬機，忙得不亦樂乎，但做起工作來卻總是精力充沛，情緒高漲。這主要得益於他能注意休息，在工作之餘能放鬆自己，充分抓住點滴時間休息。一般情況下，他每天中午都要睡 1 個小時，晚上 8 點吃飯之前也要睡兩個小時，即使坐車他也會抓時緊間閉目養神，小睡一下。

有人曾問他身體健康、精力充沛的祕訣，邱吉爾說：「我的祕訣是：當我卸下制服時，也就把責任一起卸下了。在家裡，我就像一隻破襪子那樣放鬆。」唐代詩人白居易有詩曰：「一覺閒眠百病除。」說的就是睡眠有益健康。有些人對工作素以努力著稱，但絕不允許別人影響他的睡眠，哪怕是再重要的事情也不行。

1908 年，威廉‧霍華德‧塔虎脫（William Howard Taft）競選美國總統，當選舉結果公布的那天晚上，辛辛那提許多紳士名流在凌晨 1 時左

右拜見塔虎脫，但當他們到了他的寓所，看門人對他們說：「主人現已入睡，在臨睡時他曾再三叮嚀，無論當選美國總統與否，今晚不再見客。」他雖榮任總統，亦不願眈誤他的睡眠。美國百貨鉅子斯偉特對於工作與休閒，也是俱不偏廢的。他每日於晚間十時就寢，絕不允許別人影響他的睡眠。即使發生嚴重事故也不例外。有一天晚上，電話鈴不斷作響，僕人喚醒他說：「電話報告一百貨公司失火，事態嚴重，請指示應付方針。」他不願起身接聽，囑咐僕人回覆說：「有事到明早 7 點鐘再談！」這種具體做法未必可取，但他對休息的重視卻能給我們一些啟示。

　　有人認為休息可有可無，少休息點沒什麼，殊不知人的精力體力總是有限的，無休止地工作，不但不能提高工作效率，反而會嚴重損害健康，那是得不償失的事。沒有健康的體魄，還能談到什麼工作效率呢？正確的態度是有勞有逸、動靜結合，工作時就聚精會神地工作，休息時就盡量放鬆，哪怕工作再忙，也要保證必要的休息。這樣不但能提高工作效率，而且精神愉快，有益健康。有人說：「適當的休息，是健身的主要祕訣之一，萬不可忽略。忽略健康的人，就等於在與自己的生命開玩笑。」所以，每一個生活在商業社會中的人們，請不要再做賠本的買賣了，學會有效地休息才能贏得未來。

# 第 06 堂課

## 責任 —— 責任源於信任

# ┃ 為人應「忠誠」當先 ┃

跳槽是當今社會很流行的一個詞彙，其中的原因也是多種多樣，有主動跳槽的，也有被動跳槽的。人往高處走，水往低處流。原本也無可厚非。但這些現象的背後，也折射出一個忠誠的問題。「忠」這個字在現代社會提的相對較少，但在遙遠的古代，「忠」曾經是我們這個古老國度每一個人處世的基本原則之一。忠、孝、禮、儀、廉、恥，以「忠」字為首。

忠，就是忠誠。作為一種價值觀，忠誠在現代生活中蘊含著巨大的生命力。當今社會，忠誠已經成為人才的第一競爭力。人才越來越市場化，人才的競爭已經從單純的技能競爭，轉向了品德與技能兩方面的競爭。任何一個人生活在社會上都會和各種團隊、組織和人員發生往來，在這個過程中，忠誠是最基本的能力。如果你缺乏忠誠，組織不會聘用你，團隊不會讓你加盟，同事不願意與你共事，朋友不願意與你往來，你最終將被這個社會拋棄。

在商業社會中，員工缺乏忠誠度，頻繁地跳槽直接受到損害的是企業，但從更深層次的角度，對員工本身的傷害，無論是個人資源的累積，還是所養成的「這山望著那山高」的習慣，都使員工價值有所降低。如果說，智慧和勤奮像金子一樣珍貴的話，那麼還有一種東西更為珍貴，那就是忠誠。對自己的公司，自己的工作忠誠，從某種意義上講，就是忠誠自己的事業，就是以不同的方式為一種事業做出貢獻。忠誠展現在工作主動、責任心強、細緻周到地體察老闆和上司的意圖。忠誠還有一個最重要的特徵，就是不以此作為尋求回報的籌碼。許多老闆在用人時，既要考察其能力，更看重個人素養，而素養最關鍵的就是忠誠度。

　　不忠誠的人，會以一種玩世不恭的態度對待工作。在當今這樣的一個競爭激烈的年代，謀求個人利益，實現自我價值是天經地義的事。但是，遺憾的是很多人沒有理解自由、自我與忠誠敬業的關係。一個對企業忠誠的員工，無疑也是一個對自己工作充滿熱情的人，當一個人對自己的工作充滿熱情的時候，他便會全身心地投入到自己的工作之中；這時候，他的自發性、創造性、專注精神便會在工作的過程中表現出來。

　　一個頻繁轉換工作的人，在經歷了多次跳槽後，會發現自己不知不覺中形成了一種習慣：工作中遇到困難想跳槽，人際關係緊張也想跳槽，看見好工作想跳槽，有時甚至莫名其妙就是想跳槽，總覺得下一個工作才是最好的，似乎一切問題都可以用轉移陣地來解決。這種感覺使人常常產生跳槽的衝動，甚至完全不負責任地一走了之。久而久之，自己不再勇於面對現實，積極主動克服困難了，而是在一些冠冕堂皇的理由下迴避、退縮。比如專業不同，老闆不重視，命運不濟，懷才不遇，別人不理解自己等，幻想著跳一個新的公司後所有問題都能迎刃而解了。

　　一位成功學家說：「如果你是忠誠的，你就會成功。」忠誠是一種美德，一個對公司忠誠的人，實際上不是純粹忠於一個企業，而是忠於人類的幸福。良好的品格使你不會為自己的聲譽擔憂。正如湯瑪斯‧傑佛遜（Thomas Jefferson）所說：成功之人就是敢作敢當的人。如果你相信自己的品格，確定自己是個誠實可信、和善、謹慎的人，內心就會產生出非凡的勇氣，而無懼他人對你的看法。忠實於自己的公司，忠實於自己的老闆，與同事們同舟共濟、共赴艱難，將獲得一種團體的力量，人生就會變得更加飽滿，事業就會變得更有成就感，工作就會成為一種人生享受。相反，那些表裡不一、言而無信之人，就會整天陷入爾虞我詐的複雜的人際關係中。

　　忠誠是當今社會彌足珍貴的高尚品德，是一種人格特質，它能給人帶

來一種自我滿足感，且時時刻刻伴隨著我們的精神力量。一個人是不能孤立存在於這個世界上的；學生時代，我們生活在一個班級裡；工作了，我們生活在一個組織或團隊裡，我們會和形形色色的人交往，忠誠建立信任，忠誠建立親密。只有忠誠，周圍的人才會接近你。忠誠的人，才能全身心地投入到工作中去。對公司的忠誠展現在工作主動，責任心強，全心全意地維護公司的利益，做一個可以信賴的人。身為公司的一員，忠誠展現在為了維護公司的利益堅持原則，時時以主人翁的身分要求自己，不說有損公司形象的話，不做有害公司利益的事等。

一個忠誠的人，無論在什麼職位工作，他都會認為自己所從事的工作是最神聖、最崇高的一項職業。無論工作的困難是多麼大，或是品質要求多麼高，他都會始終一絲不苟，不急不躁地去完成。要發揮忠誠，當然要熱愛自己的工作，培養自己的工作熱情。光有知識或者能力，而沒有工作熱情，只會原地不動，故步自封，也就談不上忠誠，所以我們應該主動地去工作，充分發揮自己的才幹，實現自己的價值。

當今社會，並不缺乏有能力的人，那些有能力並忠誠的人，才是每一個企業渴求的最理想的人才，那些忠誠於企業的員工都是努力工作而從不抱怨的員工，他的忠誠會讓他達到另類人想像不到的高度。其實，一個人的忠誠不僅不會讓他失去機會，相反會讓他贏得機會。除此以外，他還能贏得別人對他的尊重和敬佩。人們似乎應該意識到，取得成功的因素最重要的不是一個人的能力，而是他有良好的道德素養。

忠誠是人類最重要的美德之一。忠實於自己的公司，忠誠於自己的老闆，與同事們同舟共濟，共赴艱難，與你所在的企業一起呼吸、共同命運，只有這樣，你才將獲得一種團體的力量，這樣的人的人生就會變得更加飽滿，事業就會變得更有成就感，工作就會成為一種人生享受。

# 做好自己分內的事

本分做人，踏實做事是為人處世的根本。然而，在生活當中，人們很難把眼球集中在一處，大千世界，誘惑太多，選擇太大，到底做什麼才最適合自己呢？生活是艱難的，現實是殘酷的。面對一大堆亟待解決的難題，我們便開始從現實中尋找突破，眼光開始變得更高，欲望開始變得更大。至於自己平時所從事的分內工作，越來越顯得微不足道。殊不知，一個人要想獲得別人的認可，並不在於你有多大本事，而在於你把自己分內的事做好。只有做好自己分內的事，才可能使自己更有成就感。

要做好分內的事，僅僅有一個好態度也不行，還必須腳踏實地走好每天的每一步。要邁向平坦的大道，必定要經歷崎嶇和坎坷。認真對待好當下，才能擁有美好的明天。有一句話叫做「天下大事必作於細」。只有把小事做好、做精，才可能有大的作為。俄羅斯克里姆林宮的一位老清潔工在接受記者採訪時曾說過這樣一句話：「我的工作其實和葉爾欽差不多，他是在打理俄羅斯，我是在打理克里姆林宮，每個人都是在自己分內做好自己的事。」做好自己分內的事，說來容易做起來難。因為如果你從事的工作很重要、很體面、收入很高，你肯定會一心一意做好來。而如果你的職業不那麼重要，不那麼稱心如意，要把它做好，恐怕就有一點難度了。這時候就要有一個好的心態，不好高騖遠，不眼高手低。也就是說，要把自己的職業看作是社會這臺大機器上的一顆螺絲釘，和其他零件相比，只是分工不同而已。你這一顆螺絲擰不緊，整臺機器就不能正常運轉。把自己的工作看成是千家萬戶不可或缺的，就會生發出克里姆林宮清潔工同樣的自豪感。

日本的一位郵政大臣，曾當過飯店的廁所清潔工。她每天一絲不苟地

把廁所打掃得異常乾淨，以至於自己可以喝下馬桶裡的水。不積跬步，無以致千里。我們一些人是大事做不了，小事不願做，在一些看起來不盡如人意的職位上，不是抱怨連連、滿腹牢騷，就是消極怠工，做「不撞鐘」的「和尚」。對大部分人而言，做不好自己分內的事，就很難在社會上立足。要想被別人看得起，起碼要把自己的事做好。職業無高低貴賤之分，關鍵是能否做得最好。

只有把「小事」做「大」，才能得到認可和尊重。現實生活中，一些人一心只想當將軍，不願當士兵；只想當總經理，不想當員工；只想搭車，不願開車。這樣一味地不顧實際去幻想，最終傷害的還是自己。

做好了分內的事，就是邁開了人生的步子，踩在了事業的基石上。豐田汽車公司是世界上最成功的汽車公司之一。說到成功，豐田美國公司的副總經理史蒂夫·斯特姆的回答是：「豐田在美國不是一夜之間成功的，而是一個很長的學習過程。我們努力做好分內的事。」只有每個人盡心盡責做好了分內的事，萬丈高樓就能從平地建起來，奇蹟就能創造出來。

世界上最長壽的老人亨利·艾林漢姆（Henry Allingham）在英國去世，享年 113 歲。奧靈翰生前談到自己的長壽祕訣時說，自己並不知道是否有長壽祕訣，但做好分內之事而不要越俎代庖至關重要，同時，每個人都需要好好照顧自己，並了解自己的缺點與極限。談到長壽的祕訣，每個長壽老人都有不一樣的答案，但是都離不開一個健康平和的心態。奧靈翰老人談到做好分內之事不要越俎代庖至關重要，了解自己的缺點與極限就是讓人們保持一種健康平和心態，與中醫養生提倡的情志養生的理念基本一致，而且比較適用於現代白領族養生。其實，在這個世界上，即便是天才，也不可能十全十美，十八般武藝樣樣精通，只要積極做好分內之事、完成本職工作，同樣是出色和優秀的人。人的一生幾乎一半的時間都在工

作，在日益激烈的競爭中，人們經常超負荷運轉，使得自己的身體處於危機狀態。

　　有專家指出，現代人往往認為只做分內之事是一種消極懈怠、不積極進取的行為，其實這個觀點不對。孔子說「在其位，謀其政」，「做好分內之事」的關鍵在於確定好自己的能力和定位，分清自己的職責與許可權，收穫屬於自己的成就。只要調整好自己的心態，做好自己分內的事，好好照顧自己，就能夠工作的輕鬆和快樂。

## ｜推卸責任是成功的絆腳石｜

　　人們都喜歡邀功，卻不願對自己的失職承擔責任。有時甚至為了逃避責任，編造出種種藉口。比如：如果工作中的事情不理想，那肯定是老闆的問題；如果家裡的事情不完美，那一定是對方的錯。在工作中，我們也經常能聽到各種各樣的藉口：「那個客戶太挑剔了，我無法滿足他」、「如果不是塞車，我可以早到的」、「我沒學過」、「我沒有足夠的時間」、「現在是休息時間，半小時後你再來電話」、「我沒有那麼多精力」、「我沒辦法這麼做」等等。這些藉口有的是情有可原，有的則是當事人在推卸責任。

　　身在職場的人，經常會聽到這樣一句話「這是誰的錯？」即便這種話不是每天都能聽到，你也會看到許多人在找各種各樣的藉口，或者為了推卸責任而指責別人。為了免受譴責，多數人都會選擇欺騙手段，尤其是當他們是明知故犯的時候。當你明知故犯一個錯誤時，除了編造一個敷衍他人的藉口之外，有時還會給自己找出另外一個理由。歸納起來，我們經常聽到的藉口主要有以下幾種。

- **他們作決定時根本就沒有徵求過我的意見，所以這不是我的責任**：許多藉口總是把「不」、「不是」、「沒有」與「我」緊密連繫在一起，其潛臺詞就是「這事與我無關」，不願承擔責任，把本應自己承擔的責任推卸給別人。一個團隊中，是不應該有「我」與「別人」的區別的。一個沒有責任感的員工，不可能獲得同事的信任和支持，也不可能獲得上司的信賴和尊重。如果人人都尋找藉口，無形中會提高溝通成本，削弱團隊協調作戰的能力。

- **這幾個星期我很忙，我盡快做**：找藉口的一個直接後果就是容易讓人養成拖延的壞習慣。如果細心觀察，我們就會很容易發現每個公司裡都存在著這樣的員工：他們每天看起來忙忙碌碌，似乎是盡職盡責了，但他們把本應一個小時完成的工作變得需要半天的時間甚至更多，因為工作對於他們而言，只是一個接一個的任務，他們尋找各種各樣的藉口，拖延逃避，這樣的員工會讓管理者頭痛不已。

- **我以前從沒那樣做過或這不是我們這裡的做事方式**：尋找藉口的人都是因循守舊的人，他們缺乏一種創新精神和自動自發工作的能力，因此，期許他們在工作中做出創造性的成績是徒勞的。藉口會讓他們躺在以前的經驗、規則和思維慣性上舒服地睡大覺。

- **我從沒受過這方面的培訓**：這其實是為自己的能力或經驗不足而造成的失誤尋找藉口，這樣做顯然是非常不明智的。藉口只能讓人逃避一時，卻不可能讓人如意一世。沒有誰天生就能力非凡，正確的態度是正視現實，以一種積極的心態去努力學習、不斷進取。

- **我們從沒想過要趕上競爭對手，在許多方面人家超出我們一大截呢！避免或逃脫責罰是人類的一種強烈本能**：多數人在「有利」與「不利」兩種形勢的抉擇中都會選擇趨吉避凶。透過各種「免罪」行為，

人們可以暫時逃脫責罰，保持良好的自身形象。但如果你只願意接受表揚而不願承擔責任，那麼你永遠也改變不了自己的錯誤。如果那些一天到晚總想著如何欺瞞的人肯將一半的精力和創意用到正途上，他們一定可以取得卓越的成就。如果你善於尋找藉口，並試著將找藉口的功夫用於尋找解決問題的方法，情形也許會大為不同。那些實現自己的目標，取得成功的人，並非有超凡的能力，而是有超凡的心態。他們能積極抓住機遇，創造機遇，而不是一遭遇困境就退避三舍、尋找藉口。人們必須停止把問題歸咎於他人和自己周圍的環境，應該勇於承擔自己的責任。一旦自己做出選擇，就必須盡最大的努力把事情做好，一切後果自己承擔，絕不找藉口，不推卸責任。

由此可見，面對指責勇於承擔責任，顯然是處理危機、解決問題的有效途徑。在我們生活的世界上，每個人都不能離開社會關係單獨存活，所以每個人都要為自己所在的團隊負責任。團隊中的成員固然有不同分工，但團隊整體的事情，也是每一個團隊成員的分內事。然而，推卸責任的現象還是頻繁發生，尤其是在同事和上下級之間。總是有人覺得自己是「受害者」，是別人的錯誤影響了自己的業績，是別人沒有配合好自己，是別人搶了自己的功、搶占了自己的利。卻很少有人想到，自己該為工作承擔什麼責任。

林肯曾說過：「逃避責任，難辭其咎。」我們每一個人都有責任。有些責任是與生俱來的，有些責任是因為工作、朋友而產生的，這些責任是每個人都推託不掉的。世界上沒有不需承擔責任的工作，相反，你的職位越高、權利越大，你肩負的責任就越重。不要害怕承擔責任，要立下決心，你一定可以承擔任何正常職業生涯中的責任，你一定可以比前人完成得更出色。生活中，一個勇於承擔責任的人，才是最理智、最聰明的人。

　　20 世紀末，美國德克薩斯州的瓦柯鎮的一個極端宗教的大本營內，發生了邪教徒自殺事件，其中有 20 多名兒童被其邪教徒的父母殺害。同時，還有 10 名正在查案的聯邦調查局的探員遭到殺害。為此，當時的美國司法部長珍納·李諾在眾議院遭到眾多議員的憤怒指責。要她為該慘劇負責，並促其辭職。在眾議院裡，一些眾議員不是在趾高氣揚地指責，就是在做著一些無以名狀的咆哮，紛紛要求珍納以辭職向死難者謝罪。面對「千夫所指」，珍納悲痛地說：「我從沒有把孩子的死亡合理化。各位議員，這件事帶給我的感受遠比你們想像的要強烈得多。的確，那些孩子和探員的死，我都難辭其咎。不過，最重要的是，我不願意加入互相指責的行列。」珍納獨自扛起了所有責任，接受大眾的譴責。這一舉動，讓眾議員們為之折服，傳媒也深受感動而對其大加讚揚。那些對政府的指責聲減弱了，一些本來對政府打擊邪教政策抱有懷疑態度的民眾，也轉變觀念，開始支持政府的工作了。

　　即便不是自己的錯，而自己站出來替別人擔當一下，受益的不是別人，其實是自己。所以，對人生中所發生的任何事情都要勇於承擔責任，這是健康人格的基礎。當一個人承擔了更多責任之後，他的個人能力就會增強，就會變得無往不勝。這時，責任就成了一種習慣，一種人生境界。在現實生活中，無需任何藉口，失敗了也罷，做錯了也罷，再妙的藉口對於事情本身也沒有絲毫的用處，許多人生中的失敗，就是因為那些一直麻醉著我們的藉口造成的。

# 第 07 堂課

## 有為 —— 站起來，去做一番事業

# ‖ 求人不如求己 ‖

　　有這樣一則笑話：講的是一人去寺廟參拜觀音菩薩。幾叩首後，這人突然發現身邊一人也在參拜，且模樣與供臺上的觀音菩薩一模一樣。此人大惑不解，輕聲問道：「您是觀音菩薩嗎？」那人答：「是。」此人更加迷惑，又問：「那您自己為什麼還要參拜呢？」觀音菩薩答：「因為我知道，求人不如求己。」

　　求己，把解決問題的基點放在自己身上。在遇到困難時，能夠始終堅持理想的追求，不放棄、不拋棄，始終胸懷著一顆以抗爭為幸福、把艱辛當歡樂、視厄運為挑戰的曠達磊落的心靈。這時即使你遭遇到的困難再多一些，不幸再大一些，大多數情況下，也只是成功路上小小的絆腳石，不足以阻攔困難的化解。求己，也就意味著當你獨自面對困難時，你必將選擇孤獨、淚水、堅強、奮鬥。

　　人生就像一杯沒有加糖的咖啡，喝起來是苦澀的，回味起來卻有久久不會退去的餘香。沒有人陪你走一輩子，所以你要適應孤獨，沒有人會幫你一輩子，所以你要奮鬥一生。與其用淚水悔恨昨天，不如用汗水奮鬥今天。當眼淚流盡的時候，留下的應該是堅強。不求與人相比，但求超越自己。

　　生活當中，人們常談一個「靠」字。在家靠父母、出外靠朋友、還有靠親戚、靠孩子等等。但你終有一天會明白一個道理 —— 求人不如求己，天助不如自助，自助者天助之。流自己的汗，吃自己的飯，自己的事情自己做。求人與求己之間，雖是一字之差，卻相去甚遠。信徒之所以是信徒，是因為他遇到難事，只知道求神拜佛；而觀音之所以成為觀音，是因為觀音懂得，求人不如求己，僅此而已。

　　求人者面對被求之人必定點頭哈腰、卑躬屈膝，骨頭永遠無法「發育」

強壯；求己者對自己充滿信心，胸有成竹的面對現實中的一切，給人一種大事臨頭向前衝的氣概。求人者懦弱地將自己交到別人手上，聽任他人前後調遣、左右支派，完全迷失自我；求己者自信自強，笑對挫折，勇敢果斷的主宰自己的一切。求人者靠人幫助養成了依賴性，殊不知再親近的人也只是能幫你一時卻幫不了你一世；求己者一開始也許會遭到太多挫折，但挫折可以磨練出堅強的性格，終究會把你擺渡到成功的彼岸。每個人都難免會遇到各種各樣的困難，很多人在遇到困難時，首先想到的就是求助於別人，甚至求助於虛無縹緲的神靈，獨獨忘記了自己。生活中，許多事情本該由自己來做的事，但我們不想做，往往還找出千萬條理由來安慰自己，這是一種懶惰、依賴和不負責任的表現，更多的時候，我們應該從自己身上找出路，自己多想辦法才是正確的。一名德國工人在生產一批紙時因為不小心而弄錯了配方，結果，生產出了大量不能書寫的廢紙！他被扣薪資，罰獎金最後遭到解僱。正當他灰心時，一位朋友讓他將問題倒著想，看能否從錯誤中找出有用的東西來。於是，他很快就發現這批廢棄紙張吸水相當好，他就把紙切成小塊，取名「刀切吸水紙」，拿到市場上出售，結果相當搶手，因而也就有了現在的吸水紙。因此，遇到問題不可怕，可怕的是你自己不想也不去行動，轉換一下思路，也許一切便柳暗花明了。

有時候，求人是一種生活的無奈，也是一種好風憑藉力，送我上青雲的所謂捷徑。人生並沒有什麼平坦的路途，就算有，你也要具備相對的知識和生活的技能以及足夠的能力，不然就是把你推向高峰的位置，你也不可能堅持下去，不可能盡情地展示自己的舞臺，在競爭的社會，我們應該更多地豐盈自己的天空，裝滿沉甸甸的人生果實，才能在人生路上不至於總是一敗塗地，不要總是幻想別人能真的幫助到自己，自己才是真心的所在，在時間無情的歲月流逝裡，我們能保留，能永恆的只能是我們自己。

　　求人不如求己，是人生的智慧，也是在社會群體裡能嶄露頭角的條件所在，在我們的生活裡，我們能經常看到有很多貧寒的學生，為什麼能考上理想的大學，為什麼能融入到社會的主流，為什麼不完全依靠家庭而去透過自己克勤克儉得到的金錢來貼補學費，在筆者看來，這是一種逆境的自信的生存，也是對自我的考量，更是對人生磨練的真心的感受，在彎曲坎坷的人生道路上增加了寒門學子更多的理性的思維和積極去行動的人生態度，相信一份耕耘總會有一番收穫，一番收穫總會導致一個好的結果。

　　現實生活中，我們經常感到人生的得失沉浮，這不僅來自於外部的環境，更多的是來自於我們本身的意志，要相信只有自己才是命運的主宰，每個人都應該在自尊、自信、自愛，自我求索等積極態度影響下，不斷地去前進，不斷地去找尋自己真實的家園。求人不如求己，是對自己的肯定，也是對世事多變的最正面的回應，人是單一的個體，也是社會的一分子，生活在社會中的每一個人都能依靠自己的勇於探索，勇於面對自我的懦弱，自我的不確定，自我的平窮，要重新審視自我，重新真心的看待自己，重新鼓起生活的勇氣，重新燃燒起生活的熱情，堅信自己的世界會更加美麗，生活會更加豐富多彩。

## ▍苦難是最好的老師 ▍

　　「苦難是人生的老師」，這是著名文學家巴爾札克（Honoré de Balzac）說過的一句話。苦難是通往真理的最好老師，它激發了我們潛在的能力，磨練了我們的意志、性情和耐力，教會我們如何認識真理。苦難能磨練人的性格和毅力，能教會人們學會對付成功的方法。如果司馬遷沒有遭受被人閹割、屈原被人陷害的痛苦經歷，就不可能有《史記》和《離

騷》這樣偉大的作品。

　　苦難對於弱者來說是無底深淵，但對於一個有能力的人來說，苦難則是一筆財富，甚至是成為偉人的墊腳石。拉梅奈說：「不懂得苦難的裨益的人，並未過著聰明而真實的生活。」沒有苦難的折磨，就不會有崇高思想的生成。苦難是我們伴隨生與死折磨後，最有用、有益的財富。林肯幼時喪母，初戀情人早逝，夫人有精神疾病，中年喪子，後又死於謀殺，是痛苦和厄運成就了林肯獨特的思想境界。世人或許很容易看到偉人們的痛苦，卻未必能明白偉人們在痛苦中領悟的境界。昂貴的痛苦和厄運，往往讓一個人成了一個偉大的人。褚威格說：「命運總是喜歡讓偉人的生活披上悲劇外衣。命運就是用它最強大的力量考驗最強大的人物，用荒謬的事變對抗他的計畫，使他們的生活充滿神祕莫測的諷喻，在他們前進的道路上設置重重障礙，以便讓他們在追求真理的征途中鍛鍊得更加堅強。命運戲弄這些偉大人物，但也給了他們巨大的補償。因為艱苦的考驗總會帶來好處。」

　　凡是有才能的人總會受到外部環境的壓迫，沒有一個不受到外界的壓迫而偉大的人。堅強的人如果不被邪惡的世界所毀滅，他就會發憤要改造這邪惡的世界。許多人一生之所以偉大，都是來自他們的苦難經歷。是苦難激發了他們的使命感和責任感，是苦難給予了他們抗爭的動力。沒有苦難，崇高就不能生成；沒有挫折，人的精神就不能提升。世界上從沒有未經過艱難困苦而成為真正偉大的人。美國學者瑪律藤博士說過：「困難是我們的恩人，有了困難，才能攔住與淘汰掉一切不如我們的競爭者，而使我們得到勝利。」

　　沒有經歷過磨難的人就好比一枝長在溫室裡的花朵，沒有風雨的侵襲擊打，永遠也不會擁有迎著風雨搏鬥的勇氣。磨難是生活中經歷最全面的老師，也是一把能夠準確地衡量出人生的量尺，它能讓人們從中窺視出自

己的經歷是否成熟，成長的軌跡是否已經達到能和狂風暴雨相抗衡的勇敢。有人生就會有經歷，有經歷就必然會與磨難相伴相隨，而磨難只是考驗人們是否有勇氣，承擔起人生中必須經歷的風霜雪雨。

世上最精緻的瓷器，都要經過無數次的煆燒。沒有經過煆燒的瓷器，永遠不會堅固和精美。無數事實告訴我們，只有在漫長的煆燒環境中經得住磨練的人，才有可能取得成功。就像香港電影《真心英雄》（*A Hero Never Dies*）裡的說的一樣，「不經歷風雨，怎麼見彩虹；沒有人能隨隨便便成功。」

一位青年和一位老者一起在一片荒漠中栽了一片胡楊苗。苗子存活後，青年每隔三天就要挑水桶到荒漠中來，一棵一棵地給他的那些樹苗澆水。不管是烈日炎炎，還是飛沙走石，青年都會雷打不動地挑來一桶一桶的水，一一澆他的那些樹苗。有時剛剛下過雨，他也會來，錦上添花地給他的那些樹苗再澆一瓢。有人告訴他，沙漠裡的水漏得快，別看這麼三天澆一次，樹根其實沒吸收到多少水，都從厚厚的沙屋中漏掉了。那位老者則悠閒得多了。樹苗剛栽下去的時候，他來澆過幾次水，等到那些樹苗成活後，他就來得很少了。即使來了，也不過是到他栽的那片幼林中去看看，發現有被風吹倒的樹苗就順手扶一把，沒事的時候，他就在那片樹苗中背著手悠閒地走來走去，不澆一點水，不培一把土。人們都說，老者栽下的那片樹，肯定成不了林。過了兩年，兩片胡楊樹苗都長得有茶杯粗了。忽然有一夜，狂風從大漠深處捲著一柱柱的沙塵飛來，飛沙走石，電閃雷鳴，狂風捲著滂沱大雨肆虐了一夜。第二天風停的時候，人們到那兩片胡楊林裡一看，不禁十分驚訝：原來青年種的樹幾乎全被暴風給刮倒了，有許多的樹幾乎被暴風連根拔了出來，摔折的樹枝，倒地的樹幹，被拔出的一蓬蓬黝黑的根鬚，慘不忍睹，而附近老者的林子，除了一些被風

撕掉的樹葉和一些被折斷的樹枝外，幾乎沒有一棵被風吹倒或者吹歪的。

那片經歷過狂風和暴雨的小樹們，最終成活了下來。那些經歷過磨難的人們，最終也將成就了一番事業。「文王拘而演《周易》，仲尼厄而作《春秋》，左丘失明而有《國語》。」那些最偉大的人無一不是苦難的學徒，無一不是歷盡千辛萬苦才能成就的輝煌。

挫折是只有在前進中才會面對的困境，那些總是一帆風順的人，是不可能品嘗出困難的艱辛。許多人都把自己的成功總結於逆境，正是艱難的逆境，最終使自己的聰明才智得以發揮。逆境總是垂青成功者，命運往往總在最艱苦的逆境之後出現轉機。拿破崙·波拿巴（Napoleon Bonaparte）說：「最困難之時，也就是離成功不遠之日。」撒母耳·斯邁爾斯（Samuel Smiles）說過：「痛苦，就是用一隻強有力的手，操縱一張沉重的鐵犁，深深地犁進難以開墾的土地，但是這土地只要翻開，他的肥沃就會讓土地接出豐碩之果。」

最大的幸運者，也是最大的苦難者。如果苦難不能使他們低頭，那麼苦難就會助他們成功。當一個人突然陷入只能靠自己的努力才能擺脫的困境時，他往往會出現想像不到的特質和意志。歷史上最偉大的政治家、思想家、文學家無一不是伴隨著坎坷行進的。許多才華橫溢而又品性善良的人們，僅僅因為他們成長的道路上沒有出現可以使他們得以磨練的挫折，而導致自己一事無成。

有磨難是極其痛苦的，但就是因為有了人生的磨難帶來的傷痛和苦難，才能真正地將人們的身心和靈魂，從裡到外，完完整整地洗滌了一個透徹。人生如果沒有了磨難的經歷，就永遠也體會不到那種火燒鍛燒，那種撕心裂肺和心如刀割的疼痛。而人生正是因為有了這種磨難痛楚，才能更加地感受到那些人生當中最寶貴的東西。

## ‖ 幸福是人生最大的事業 ‖

　　加拿大一位心理學家作過一項很有趣的研究：他讓一些人想想怎麼給自己花掉 20 美元，再想想怎麼為孩子、父母、親友花掉 20 美元。奇怪的是，多數人都覺得為別人花錢比為自己花錢更幸福。「幸福不是自私自利，幸福是為別人多想一點。」坐享其成的「富二代」不見得幸福。「寧願坐在跑車裡哭，不坐在自行車後笑」，這種網路上熱炒的「幸福觀」更是嚴重扭曲幸福的含義，因為他們片面地把幸福定義為對物質的占有。

　　幸福不是一種簡單的滿足，幸福也不是有錢，個人收入和幸福並不成正比相關。如果你的收入比較低，那多一分錢你都會覺得幸福，但當你的收入達到一定水準時，幸福感和收入就沒有關係了。舉個例子，對沒有房子的人來說，貸款買到房子都是很幸福的事；對家裡有很多房子的人來說，房子就不是幸福的重要來源了。很多人認為突然不愁錢會讓人幸福，中了彩券誰不高興呢？但國外有人作過一項研究，長期追蹤彩券中獎者，發現暴富一開始確實能讓人欣喜，但他的生活、心理、人際關係也隨之發生變化，長期看來不幸福的比例反而特別高。專家調查分析發現，有錢人的幸福感反而比較低，不容易覺得幸福。沒有任何證據表明「富二代」的幸福比例比普通老百姓高。美國的經濟實力很強，但美國從來不是世界上最幸福的國家。這些都說明，幸福不是完全由金錢和物質滿足來得到的。

　　幸福是人類所追求的終極目標。人類一切行動、語言都應該為這個目標服務。同時由於幸福是一種主觀的感受，也是一種客觀的物質存在。有人給幸福的定義是：幸福是快樂的心理體驗、主觀元素和人生重大需求、欲望、目的得到實現和生存發展的某種完美的客觀元素構成的理論。幸福作為一種快樂的心理體驗就是主觀的，而某種滿足完美得到實現和發展的

則是一種客觀的物質存在。從中我們也可以看到幸福就是一種需求、欲望、目的及生存和發展的實現，如果不能實現呢？那就痛苦。

在現實生活中，幸福常常是與不幸相伴的，只有某一時刻你是痛苦，才有當你擺脫痛苦時的幸福。幸福的時光總是暫短的，其過後痛苦就會侵襲而來。痛苦與幸福是一對孿生兄弟，時刻相伴隨。一個人要想追求幸福，就必須先要接受痛苦的考驗，用古話講就是：「吃得苦中苦，方為人上人。」實際上，人是一種理性的會選擇的動物，避苦趨樂是人之本性。人不僅能在痛苦與幸福中選擇幸福迴避痛苦，而且還會在大幸福與小幸福之間，大痛苦及小痛苦等之間進行比較選擇。個人其目標就是自覺或不自覺的享受著大幸福，若享受不到，小幸福能享受也是可以的，再者沒有小幸福那麼只有選擇小痛苦，而迴避大痛苦。幸福是一種自由，是一種熱愛、興趣的實現。雖然前文已說幸福是一種欲望、需求、目的得到實現或達到。但是這裡的欲望、需求、目的都應該是合理的，而且是有限制的，妨礙他人幸福是不可提倡的。莊子是自由主義者，莊子是很幸福的，因為他想做什麼就做什麼。當然，莊子肯定不會做損人利己的事的，肯定是追求不損人利己的那種幸福。

幸福就是一種不妨礙他人的自由活動，是一種不妨礙社會他人的興趣施展。正在追求幸福的人們，應該牢記這一點。

# 第 08 堂課

## 理財 —— 能賺錢，會用錢

# ┃金錢不等於幸福┃

現實生活中，金錢增多並沒有解決所有的問題。不可否認，只要在這個社會中生活，金錢就是你必不可少的夥伴。錢之所在，危可使安，死可使活；錢之所去，貴可使賤，生可使殺。錢是價值的尺度，交換的媒介。你有了足夠的金錢，便可獲得足夠的安全感，贏得了足夠的感情，享受足夠的歡樂。但是，錢固然重要到人們沒有它便寸步難行地步，卻又不是萬能到可以代替一切的。金錢。既是幸福的憑藉，又是罪惡的源泉。可以用來商貿，購置產業；也有人為了金錢坐牢，喪命。

商業社會中，每個人都要和金錢打交道，都在千方百計的求得更多錢財。在人與人的無數種關係中，金錢關係就是其中之一。人們利用金錢進行交際，往往會達到事半功倍的效果。但從另一種角度來講，金錢又不能代替一切，在這個世界上，既有許多身在豪門而缺乏幸福的孤獨者，還有無數相依為命，在溫馨氣氛中患難的夫妻。在現實生活中，有的人追逐金錢達到不擇手段的瘋狂地步；唯金錢是從，視人格、道德與法律不顧，金錢促使他們心理變態的同時，也改變了他們與社會上人與人的關係。

古往今來，不知有多少人被金錢的光芒所迷惑。有些人視自己占有的金錢越多越自豪，其實是一種變態的占有欲在膨脹，明明一個井足夠一生使用，又何必看護著大海不讓別人提水呢！人應該追求高品質的健康生活。你占有大量的金錢，並不一定是有健康身心和高品質的生活，錢多只可以滿足你的虛榮和消費，但不一定會給你的健康和生命帶來益處，弄不好還會使你走上不歸路，那時再後悔也晚了。「禍莫大於貪欲，福莫大於知足」其實富裕和肥胖沒什麼兩樣，都不過是獲得了超出自己所需要的東西罷了 —— 人不是錢多就幸福快樂，錢少就不幸福快樂！

　　人的強弱不是用外表來鑒定的，人的幸福不是用財富多少來衡量的。一個女人最大的幸福是有一個她所愛的人愛她、體貼她、給她呵護和安全感。一個男人最大幸福，是有個可施展才華的平臺和有一位賢內助，好參謀，好助手，好愛人過溫馨的家庭生活。當然，有了錢就可以有許多東西，就能建立一個物質上比較富裕的家庭，也就能有較為舒適的物質生活。但是，人們的生活絕不是只要擁有寶馬車之類的物品就一切美滿了，因為幸福的生活除了物質享受之外，精神上的愉快也是必不可少，甚至是更重要的。如德國哲學家馬克思，他沒有錢財，有時甚至身無分文，但是，他為了謀求人類的幸福而工作；因此，他是幸福的。瑪麗·居禮（Marie Curie）、舒伯特（Franz Schubert）、巴爾札克這些人，他們都曾在貧窮中生活過，但他們都是為了人類的進步和文明而活著，並為人類的文明貢獻了畢生的精力，因而他們都是幸福的。就像維克多·雨果（Victor Hugo）所說的：錢包空空時，心靈即豐滿。

　　一個人即使缺少錢，但他是為了某種高尚的理想而活著的，那麼他是幸福的。一個人即使有很多錢，但他的精神世界是空虛的，或者生活並不自由。那麼，就絕不會幸福，有時甚至是痛苦的。《紅樓夢》中的賈寶玉生長在一個門第顯赫、極為富有的封建官僚家庭裡，過著飯來張口、茶來伸手的奢侈生活。按理說，他是幸福的，但事實並非如此，他被封建禮教禁錮著，沒有絲毫的自由，因此，他是不幸福的。古羅馬皇帝尼祿富貴甲天下，但他未必生活的幸福，他的富有、尊貴只使得他獸性大發，弒母戮師，甚至荒唐到大燒羅馬城，最後眾叛親離，自戕喪命。這說明金錢並沒有給他帶來幸福。

　　錢可以買藥物，但不能買健康；錢可以買床鋪，但不能買睡眠。有許多東西，並不是有錢就買得到的。如果擁有錢的人又擁有健康的情趣，寬

大的胸懷，崇高的品德，遠大的志向，他可以用錢先使自己物質生活富裕起來，改善生活條件。然後，把錢用在買書、買電腦等屬於精神享受的東西上，那麼，他不但在物質上是富裕的，在精神上也是富有的。這樣的人，可以說是一個真正幸福的人。

一位名人曾告訴世人：「金錢可以收買小人，卻不可以收買真理。」人生最可貴之處是精神，精神生活是社會文明進步的動力。只有把愛情、工作、家庭放在首位的人才是幸福的人、快樂的人，把金錢看做是萬能的人是最愚蠢的人；只有淡薄金錢的人，生活才是最高尚、最幸福的。因此，我們應該追求以自己的汗水換來的幸福。只有這樣，我們才能真正幸福，人生才活得更有意義。

## 賺錢要取之有道

賺錢似乎是個永遠的話題，錢既可以給人帶來地位和成就，也能使一個原本和睦的家庭家破人亡、妻離子散。就從大的方面來說，創造更多物質財富，是人類進步的動力，國家強大的基礎。對個人而言，愛財、取財也是發展自身、完善自我的一個重要條件。對於如何致富，古人早就有至理名言：君子愛財，取之有道。

讓自己成為富人的方法有多種多樣。有巧取的，有豪奪的，有欺騙的，有訛詐的，甚至還有殺人搶劫的，這些多為不義之財，或者叫做取之不「道」。由此看來，由於古時候的法律不完善或者制度不健全，人們把取之有道的「道」字，主要是指道德、良心，關乎他人和社會責任。進入市場經濟時代，這「道」主要是指法律、規章等條文形式的權利義務性規定，或者可以理解為，凡是不違背法律規定的取財手段，都是合乎「道」

的，無可指責的。事實上也正是這樣：一些人在房地產開發中，利用制度不完善，侵吞著國家和大眾利益；在國企改革中，有些人利用法律的空白，低價轉讓國有資產而自己從中獲利。一些人卻透過以權謀私、中飽私囊；透過制假販假、坑蒙拐騙；透過拐婦販嬰、殺人搶劫、走私販毒等手段來發不義之財，以至最終導致身敗名裂，傾家蕩產的下場。

李某和金某一直沒有正式的工作，加之生活上好逸惡勞，經常苦於手中沒有錢花。後來，經別人介紹，兩人在境外毒梟手中購得海洛因約3,386克。2人返回國後，隨即將所購海洛因運回販賣。後因事敗，被當警察逮捕。

「君子愛財，取之有道。」凡是透過非法手段得來的財富，當事人自己的內心是不會踏實的，因為那是透過非法手段得到的不義之財。現代社會，人們經濟活動範圍的廣泛、內容的豐富，法律應該盡量詳細地規定人們在經濟活動中可以做什麼、不可以做什麼。取之有道的含義就是指一個人在創造財富的過程中，既講合法取財，又能以德取財，或兼顧社會責任，這樣得來的財富才能源源不斷。同時，還要給國家創造出更多的公正、公平的環境，讓人們在合「道」的氛圍中去發揮自己的能力和才智。這樣我們的社會和個人就都能在良好的秩序中健康地向前發展。

「君子愛財，取之有道」是古人留給我們的寶貴遺產和忠告，它告誡後人取財必須要靠自己的辛勤勞動和汗水。在市場經濟的今天，正可謂是三百六十行，行行出狀元，每個人都有充分展示自己才能的機會，也都有取財的途徑和方法，先知先覺者，可能已經成為致富的帶頭人了，後知後覺者，可能剛剛入行，開始尋求發財的門路。無論如何，除非聖人，任何人都不會達到視金錢如糞土的至高境界，因為金錢可以帶給我們生活的富足和享受，在人類開始享受物質生活的時候，恐怕金錢已經成為炙手可熱

的搶手貨了，難怪常有人說，錢就是好東西，有了錢就有了一切。

　　無論是在部門、公司、企業或是經商，做什麼工作都何以達到取財的目的，也不會遭到任何人的反對和干擾，可問題是在欲望和利益的驅動下，有些人採用了一些非法的手段進行斂財，這些人很多還是國家的高級幹部，這些人依靠自己的權力、後臺不費吹灰之力就可以拿到十倍、百倍甚至更多的報酬，每個人都有個心理平衡，工作的拿不到多少錢，不工作的拿很多錢，如果一旦整個社會都出現了這種不均衡現象的話，恐怕是很難和諧穩定；更有甚者，背著良心拿黑錢，完全不顧別人的死活，也不管別人對自己的看法，這種人的內心是不安的，他們也在飽受良心拷問的煎熬。

　　每個人追求財富並沒有錯。財是養命之源，為了生活及生存，我們誰也離不開它，不過君子愛財，取之有道，應該是每個求財人的正確理念。道即路也，世上的道路千千萬萬，但總結起來無非是兩條：正道與邪道。你選擇了正道，努力奮鬥，遵紀守法，成功在握。你選擇了邪道，不但未發財反而破財，因財耗身，遭受滅頂之災。

　　為了生存，怎樣才能獲取應有的財富呢？那就是要透過自己的辛勤的雙手去獲得，這才是明智之舉。因此，君子愛財，要取之有道。所謂道，就是要求我們每一個人走一條適合自己的正確道路，一條指導自己人生正確發展的康莊大道。

## ▏花錢要懂得節制▕

　　在經濟條件較好的情況下，沒有多少人去關心省錢的問題。然而，隨著近年來的通貨膨脹加劇，日常生活用品大幅漲價，合理的花錢和必要的省錢成為越來越多人關心的話題，這既是現實生存的需求，也是未來發展

的需求。省錢不僅僅只是一種生活方式，更是一種生活態度，如果能夠做好的話，就會讓生活更加輕鬆。

錢是用來消費的，想要省錢，就必須先學會合理用錢，只有這樣，省錢才會更加自然，對於生活品質的影響最小。要省錢，就必須有計畫的花錢。生活中不論做什麼事情，沒有計畫是最危險的，因為那就意味著混亂和無序，資源得不到高效配置，經濟方面尤其如此。一個國家、一個地區都有正式的財政預算和決算，這就是計畫花錢的一個特徵，否則整個經濟就會陷入一種混亂的境地。對於個人或家庭而言，也必須有計畫的花錢。比如說，每個月根據情況去超市採購生活用品，這就是為了生活需求；每個月準時還房貸，這就是為了滿足居住需求。這些花錢的目的明確，並且合理。再比如：心情不好了，跑到酒吧點瓶洋酒，喝了一杯之後又不喝了，或者乾脆喝得不省人事，這也是一種交換，只不過是用錢買心情，買情緒釋放，但是並不是最好的方式，不僅傷錢，而且傷身，所以這種消費的目的並不合理。每一筆錢花出去都有一個目的，要想省錢的話，就應該確保錢花在合理的目的上，並且以適度的方式消費，這樣才會提高花錢的效率。富人錢生錢，窮人債養債。節省錢、尊重錢是很多富人的習慣。華人首富李嘉誠的節儉是盡人皆知的。有一天，李嘉誠先生從飯店出來，掏車鑰匙時從口袋裡掉出一元的硬幣，李嘉誠彎腰去撿，一個印度保安把錢撿起來遞給他，他接過這一元，從口袋內掏出一百元港幣給了保安，又把這一元也送給保安。別人很不解，問李嘉誠先生為何這麼做，他說「這一百元港幣是他給我服務，我給的報酬。如果一元的硬幣不撿起來，可能會被車輾到地裡，可能會掉到水溝裡，就會浪費掉，錢是用來花的，但是不可以浪費。」我們常常說富人越有錢越摳，因為他們知道錢來之不易。而那些沒有錢的人卻往往表現出自己的「窮大方」。

　　要省錢，就必須有目的的花錢，也就是我們通常所說的理財。有人認為：自己平時省吃儉用，節約花錢，自己很會理財啊？其實並非如此，勤儉節約一直是傳統美德。將自己辛勤勞動所得存下來，為自己將來的生活早做打算，其實就是一種很好的理財意識。但是，這還算不上理財，真正的理財理的是你的收入與支出；你的資產與負債；你的目標與時間。你每個月可以存下錢來，為將來打算，這給你的理財計畫提供了一個良好的基礎。分析你的收入與支出的目的，是幫你找出你每個月應該花的錢和不應該花的錢。理財的精華，並不是說非要有餘額存下來，然後才能理財，而是要針對自己的實際情況，制定出符合自身實際的理財方案。

　　那些剛進入職場的人不要抱怨自己的薪資低，存不下錢來，感到前途一片渺茫。現在要做的就是努力學習，把所學的理論運用到實踐當中去，社會永遠是一所最博大的大學，它讓你學到的知識遠比你在學校學到的重要得多。現實生活中，除了要省錢以外，還應該把自己的債務好好做一下規劃。一般人認為的理財專指的是投資，與負債無關，但恰恰是他們不關心的資產負債問題才是理財的關鍵之處。理財的目的就是把你的資產和負債結構合理化。其中要考慮的是你資產的流動性、成長性和穩定性，以及你負債的好壞。如果你只有長期資產，一旦有緊急事件發生，就很容易使自己陷入了困境。再有就是很多人其實並不知道他們理財是為了什麼，他們的目的，很簡單，只要錢多了，他們就覺得滿意了。但實際上，你的理財計畫是必須根據您的理財目標和時間長短來制訂的。理財的一個很重要的方面，就是讓你的收入與資產為你的理財目標和時間服務。確切的說，就是要把你的資產結構調整成為適合你的理財目標與你的時間要求。

　　對於現代人來說，既要努力賺錢，也要合理花錢。因為只有收入的增加，才是提高經濟生活品質的根本保障，只有錢花的高效有規劃，才能夠

讓最少的錢去辦最多的事。省錢是為了明天更好的生活，而不是單純為了
省錢而省錢。

# 第 09 堂課

## 誠信 —— 誠信為本，受用終生

# ‖ 要成事，先做人 ‖

「人難做，難做人。」這個做人並非是說人的自然屬性，它強調的是人的社會屬性，也就是人與人之間的關係。一個人想在世上成就點事業，那就必須找好為人處世之道。在眾多為人處世的法則中，誠信當是其中的重中之重。一個人只有講誠信，才能得到別人的信任；才能更好地融入社會，求得生存和發展。日常生活中，誠信無處不在，無處不有。誠信是誠實和守信的合稱；即待人處事真誠、老實、講信譽，言必信、行必果，一諾千金。古語云：「反身而誠，樂莫大焉。」只有做到真誠無偽，才可使內心無愧，坦然寧靜，給人帶來最大的精神快樂。誠信是人們安慰心靈的良藥，人若不講誠信，就會造成社會秩序混亂，彼此之間缺乏信任感。

誠信就是忠誠老實、信守諾言，是為人處事的一種美德。誠實的人能忠實於事物的本來面目，不扭曲，不篡改事實，同時也不隱瞞自己的真實想法，光明磊落，言語真切，處事實在。誠實的人反對投機取巧，趨炎附勢，吹拍奉迎，見風使舵，爭功諉過，弄虛作假，口是心非。所謂守信，就是說話算數，講信譽，重信用，履行自己應承擔的義務。

北宋詞人晏殊，素以誠實著稱。在他十四歲時，有人把他作為神童舉薦給皇帝。皇帝召見了他，並要他與一千多名進士同時參加考試。結果晏殊發現考試是自己十天前剛練習過的，就如實向真宗報告，並請求改換其他題目。宋真宗非常讚賞晏殊的誠實素養，便賜給他「同進士出身」。晏殊當職時，正值天下太平。於是，京城的大小官員便經常到郊外遊玩或在城內的酒樓茶館舉行各種宴會。晏殊家貧，無錢出去吃喝玩樂，只好在家裡和兄弟們讀寫文章。有一天，真宗提升晏殊為輔佐太子讀書的東宮官。大臣們驚訝異常，不明白真宗為何做出這樣的決定。真宗說：「近來群臣

經常遊玩飲宴，只有晏殊閉門讀書，如此自重謹慎，正是東宮官合適的人選。」晏殊謝恩後說：「我其實也是個喜歡遊玩飲宴的人，只是家貧而已。若我有錢，也早就參與宴遊了。」這兩件事，使晏殊在群臣面前樹立起了信譽，而宋真宗也更加信任他了。

誠實守信是做人的準則，一個人要想在社會立足，做出一番事業，就必須具有誠實守信的品德，一個經常弄虛作假，欺上瞞下，欺騙公司，騙取榮譽與報酬的人，是要遭人唾棄的，遲早要受到懲罰。誠實守信首先是一種社會公德，是社會對做人的起碼要求。

誠實守信不僅是做人的準則，也是做事的基本準則。誠實是我們對自身的一種約束和要求，講信譽、守信用是外人對我們的一種希望和要求。一個員工去完成一項工作，他既代表個人，也代表一個部門或企業，如果一個人從不誠實守信，說話不算數，那麼他所代表的企業或組織就得不到人們的信任，無法與社會進行經濟交往，或是對社會沒有號召力。因此，誠實守信不僅是一般的社會公德，而且也是任何一個從業人員應遵守的職業道德。

一個人失信於一時，將失信於一世。大凡不講誠信者，都工於為自己算計，孰不知，占得的是一時便宜，失去的卻是寶貴的信任和合作的機會。常言道：「上當只一回」，「只有再一再二，沒有再三再四。」等講的都是不誠信的代價。不講誠信，別人就不會和你繼續共事和打交道，不講誠信的人不懂得只有相互信任才能合作長久，只有與人得利才能自己得利的道理，精明過了頭，失去了人格和信譽，吃虧的最後是自己。

多年前，位於喜馬拉雅山南麓的尼泊爾很少有德國人涉足。後來，這裡竟然成為許多德國人觀光旅遊的首選地，據說是源於當地一位少年的誠信。

一天，幾位德國攝影師請當地一位少年代買啤酒，這位少年為之跑了3個多小時。

第二天，那個少年又自告奮勇地再替他們買啤酒。這次攝影師們給了他很多錢，但直到第三天下午那個少年還沒回來。於是，攝影師們議論紛紛，都認為那個少年把錢騙走了。第三天夜裡，那個少年卻敲開了攝影師的門。原來，他在一個地方只購得 4 瓶啤酒，於是，他又翻了一座山，過一條河才購得另外 6 瓶，返回時摔壞了 3 瓶。他哭著拿著碎玻璃片，向攝影師繳回零錢，在場的人無不動容。這個故事使許多外國人深受感動。後來，到這裡的遊客就越來越多。

誠信是立身之本，無信則不立。作為精神、道德層面的東西，講誠信，要靠自覺；要樹立誠信的為人形象，關鍵在於修身自律。孔子曰：「吾日三省吾身，為人謀而不忠乎？傳不習乎？」可見，古人不僅把自省作為修身的重要方法，而且把誠信作為修身的根本。現代社會的每一個人，要樹立和維護自身形象都要首先講誠信，我們要從自我做起，把講誠信展現在一言一行之中。

誠信是人生中最重要的東西。你可以沒有健康，沒有美貌，沒有機敏，沒有才學，沒有榮譽，沒有金錢，但你不可以沒有誠信，棄信則無得，無誠則有失。誠信是美麗，擁有它，你將擁有一切；失去它，你將失去一切。

在現實社會生活裡，有些人什麼都不缺，缺的是為人的那顆良心，缺的是誠信。有的人只是要求別人有誠信講誠信，而自己就很難用誠信來對待他人。在以商品交換為主要內容的市場經濟中，這種做法無異於自毀長城。誠信應該是每個人心中的美德，是一種素養，在我們這個社會，不管在哪一個方面，都要講究誠信，誠信是福。一個擁有誠信的人不管在事業方面，還是在生活方面都會取得成功，所以，要想成就事業，必須要以誠信為先。

# ‖ 誠信待人，幸福自己 ‖

　　人的一生中，誠信是最樸實、最動人的情感；也是人格中最扎實、最厚重的層面。它在豐富的人格中以泥土般的樸素氣息打動著每一個人，在輝煌的事業中以基石般堅硬厚重的本質激勵我們。

　　誠信，顧名思義：誠實、誠懇，講信用、守信義。一個人只有忠誠老實、誠懇待人，才會取得別人對你的信任；只有講信用、守信義，才會贏得身前身後的信譽。人生的旅途中，誠信猶如人的靈魂，有了誠信，才會有絕處逢生時的援助之手；有了誠信才會有真誠友誼的心慰；有了誠信，才會有爬出深淵，走向光明的機會。

　　古語云：「索物於暗室者，莫良於火；索道於當世者，莫良於誠。」誠實，就是原原本本的一個自己，不偽裝，不做作。守信就是忠誠老實，不講假話，重信用。誠實和守信是互相連繫在一起的，誠實是守信的基礎，守信是誠實的具體表現；不誠實很難做到守信，不守信也很難說是真正的誠實。誠信是千百年來人與人相處的一條基本原則，成為中華文化的重要內容之一。真實的人，不假不欺，言行一致，表裡如一，襟懷坦蕩，光明磊落；誠實的人，總以其真實的一面出現在世人面前，總能贏得世人的信任；誠實守信的人，總以極其負責的態度對待別人，以極其嚴格的要求對待自己，不管遇到什麼困難和險阻，總是言必信，行必果。

　　誠信是為人處事的一種美德，是人性最高的境界。誠以養德，信以修身。生活中的一個承諾或身邊的一件小事，就能折射出一個人的修養，顯現出其人格魅力。人性的光榮與尊嚴不在於一個人的精明而在於他是否誠信，人性的醜惡中沒有比虛偽和背信棄義更可恥的了。誠信比一切計謀都好用，而計謀離開了誠信的支撐，也會變成無用武之地的廢品。誠信是考

察一個人為人的一項最基本的標準。

　　亞伯拉罕‧林肯是美國歷史上最著名的總統之一。他年輕的時候，曾在一家朋友開的商店裡當店員，有一天，他結帳發現多收了一位老婦 12 美分，當晚就步行趕了 6 英里，把多收的錢退給了老婦。又有一次，他發現少稱了 4 盎司茶葉給一位女顧客，為此他又跑了好長一段路把少給的茶葉補上。正因為林肯的誠信，才成就了他人生的輝煌，才有了「你可以暫時矇騙所有的人，也可以永久地矇騙一部分人；但是，你不能永久地矇騙所有的人。」的感慨，這也應驗了「君子養心莫善於誠」。

　　一個講誠信的人，必然會博得人們的信任，這也是日後林肯能成為美國總統的一個重要原因。古人認為：要想國富民強、國泰民安，就必須講誠信，治理國家、掌握政權，必須得到人民的信任和擁護，否則就會自取滅亡。曾國藩曾說過：「百心不可以得一人，一心可得百人。」的確，想要贏得人心，贏得民心，就必須對老百姓講忠心、講良心，否則就難以爭得人心、獲得民心。唐太宗在位時期以至誠之心治理天下，當有人上書讓唐太宗假裝生氣試探善於諂媚的臣子，以便清除他們時，唐太宗卻說：「國君好比水源，大臣好比水流，水源要是渾濁，而要水流清澈，那是不可能的。國君自己作假，怎麼能要求大臣們正直呢？這將何以治理天下？」正因為唐太宗以誠治國，才有後來的「貞觀之治」。這就告誡那些身為「主管」的人，要以誠信去爭取民心。

　　誠信是金，是與他人合作交往的通行證。誠信者，朋友如織；無信者，則孤家寡人。誠信的光亮是金子所換不來的。誠信是架設在人心的橋梁，是溝通心靈的紐帶，是震盪情感之波的琴弦。因為它，遙遠的距離不再遙遠，猜疑的人心不再隔閡。

　　縱觀古今，誠信更是英雄豪傑們成就大業的根本，無論是儒家經典還

是老莊之道，誠信總是君子身上最重要的美德。美國從幼兒園和小學起就重視對孩子的誠信教育，波士頓大學教育學院設計的基礎教材中就突出「誠信」方面的內容，還建議教師在班上組織討論，向學生介紹「最大程度的誠實是最好的處世之道」這句諺語，並且要求學生製作「誠信」標語在教室裡張貼，美國這種誠信教育得到普及。

誠信是對別人的尊重，是對過去的肯定，更是對未來的承諾。背上「誠信」這個行囊，盡情享受旅途中的幸福，我們便會感到一種責任感，那是對自己的要求，背上它，我們勢必要面對一種可能：一種被拋棄、被欺騙，乃至被詆毀、被利用的可能。可誠信，絕對會還你一份輕鬆、一片坦蕩，一身磊落。擁有誠信，你就擁有了人生靚麗風景的種子，捧在手心的種子需要你親手撒滿大地，一直耕耘，這樣就會一直美麗，你的人生將會美麗到天長地久！

## ▌丟掉誠信是最虧本的買賣 ▌

有一個年輕人跋涉在漫長的人生路上，到了一個渡口的時候，他已經擁有了「健康」、「美貌」、「誠信」、「機敏」、「才學」、「金錢」、「榮譽」，「七個背囊」。渡船出發時風平浪靜，說不清過了多久，風起浪湧，小船上下顛簸，險象環生。艄公說：「船小負載重，客官須丟棄一個背囊方可安度難關。」看年輕人哪一個都不捨得丟，艄公又說：「有棄有取，有失有得。」年輕人思索了一會兒，把「誠信」拋進了水裡。

年輕人把「誠信」拋進了水裡，艄公憑著嫻熟的技術將年輕人送到了彼岸。艄公淡淡地說：「年輕人，我跟你來個約定：當你不得意時，就回來找我。」年輕人隨意地答應著，卻不以為然。他以為，有了身上的六個背囊，

他是不會有不得意的一天。不久，他就靠金錢和才學擁有了自己的事業；憑著榮譽和機敏，他睥睨商界，縱橫無敵；而健康和美貌更是令他春風得意，娶得如花美妻。他逐漸地忘記了擺渡的艄公，忘記了被拋棄的「誠信」。

多年以後，已到中年的他無數次在夢裡驚醒，但這次卻是被電話鈴聲叫醒，電話那頭傳來驚恐急躁的聲音：「老大，我們這邊現在不能動手，請指示。」他似乎也開始慌張失措：「無論什麼原因，都必須按原計畫進行！」也不知怎麼掛的電話。多年來，他欺騙了所有的人，包括他的對手和親人，他多次將商品以次充好，他承包的建築全是豆腐渣工程；他透支著他的榮譽和才能，勸說身邊所有人投資於他，卻把資金用於販賣毒品和軍火走私；他出入高樓大廈，天天酒池肉林，熱衷於夜生活，他的健康和美貌悄然飛逝；他一擲千金，豪賭無度，他背負妻子，頻頻外遇。

這所有的一切都是因為他沒有誠信！因為沒有誠信，他失卻榮譽，金錢以及他的事業，愛情等一切，並銀鐺入獄。這時，他想起了艄公的話。從監獄裡出來，他直奔渡口。艄公已不在，只有那裡一條小船依稀當日模樣，那時的年輕人也已垂垂老矣。

從此，渡口多了一個老艄公，無人過渡時，人們總能看到他獨自搖晃在風浪中，似乎在尋找著什麼。

誠信是金，是與他人合作交往的通行證。有誠信的人，身邊從來就不缺少朋友，失信的人，往往會成為孤家寡人。班傑明·富蘭克林（Benjamin Franklin）曾說過：「人與人之間的關係中對人生的幸福、最重要的莫過於真實、誠意和廉潔。」正所謂「一諾千金」，在老舍先生心中永存著一份比閃閃發光的金子更光亮的東西，那就是誠信，誠信的光亮是金子所換不來的。誠信是架設在人心的橋梁，是溝通心靈的紐帶，是震盪情感之波的琴弦。因為它，遙遠的距離不再遙遠，猜疑的人心不再隔閡。

　　古人也非常重視誠實的作用，一向把誠信看成為人處世的重要美德。人無信而不立，童叟無欺的故事一直流傳了幾千年。古時候有個人叫曾子，他是孔子的學生，一天，曾子的妻子要上街，孩子哭鬧著也要去，曾妻對孩子說別鬧，許諾等她回來時殺豬給他吃。看來，她是不打算實踐諾言的。因為等她回家，看見曾子真的準備殺豬便馬上阻止，說自己只是跟孩子說說玩的。曾子說：當父母的如果失信於孩子，他不懂事，還沒有辨別能力，接觸到的是父母，所以什麼都跟父母學。你現在哄騙他，等於是在潛移默化地教他學會欺騙。就等於教孩子也去欺騙。說完，就把豬殺了。「言必信，行必果」是傳統美德。誠信是一種美德，歷來都被人稱頌，一個人如果沒有了誠信，即使一時擁有榮華富貴，但最終還會一無所有的。

　　日本餐飲業有條行規，盤子要用水洗七遍，洗盤子計件付酬。一個打工的學生為提高效率，少洗了兩遍。在抽查中，老闆用試紙測出盤子的清潔度不達標準，責問這個學生。她卻振振有辭：「洗五遍不也挺乾淨嗎？」老闆淡淡地說：「你不誠實，請你離開。」這個學生不得不到另一家餐館應聘，老闆打量她半天，說：「你就是那個只洗五遍盤子的學生吧，對不起，我們不需要。」第二家，第三家，她屢屢碰壁。不僅如此，她的房東也要她退房。萬般無奈，她只得搬離這個城市。誠實守信是傳統美德，它早已融入我們民族的血液中。無論我們做什麼事，都要講誠信。無數事實告訴我們，交往中不兌現自己的承諾，失信與人，就會產生信任危機。

　　以上的幾則小故事告誡了我們「人而無信，不知其可也」，所以，我們不能不講誠信。誠信是道路，隨著開拓者的腳步延伸；誠信是智慧，隨著博學者的求索累積；誠信是成功，隨著奮進者的奮鬥臨近；誠信是財富的種子，只要你誠心種下，就能找到打開金庫的鑰匙。拋棄誠信，虛偽的

面具將充斥生活的每個角落，生命變得生氣全無，友誼之花在凋謝，親情之果在隕落；撩起人們面前的五彩面紗，露出的是「君子」們變了形的醜陋的臉。這樣的世界，流淌著惡濁的血液，飄浮著腐朽的氣息，真是太可怕了！

誠信已成了這個社會必不可少的品德，誠信能完善我們自己，它對自己、他人都有好處，博得信任，博得好感，博得事業上的提高，博得生活上的進步，這些比無誠信要好上許多。懂得誠信，做好誠信，改善身心，利益如流，也就是說誠信是福，誠信也是一個民族和國家的精神要求，是現代社會文明的基石和標誌。一個民族如果是一個不講信用的民族，那麼這個民族只能是一個可憐的民族。

誠信對每個人來講都極其重要，誠信在我們的生活中不能缺少，誠信是溝通世界的語言，誠信是一生的無形資產；擁有誠信，你就擁有了整個世界。

# 第 10 堂課

博愛 —— 博愛眾生，怨恨無人

# 愛心讓你更強大

　　曾有專家對一家醫院做過一項調查，此項調查分若干組進行，其中一組是在醫院的婦產科裡進行的。他們從那些新出生的嬰兒裡面隨機選出了部分嬰兒，然後再把這些嬰兒分成兩組。第一組每天一定要抱起來撫摸 3 次，每次 10 分鐘；而第二組根本就不去撫摸。結果，他們吃驚地發現，第一組體重增加的速度是第二組的兩倍。

　　另外一組調查也是在同一家醫院裡展開，他們選擇的對象是那些安寧病房中的患者。他們調查了多位已經就要走到生命盡頭的病人。看看他們在已經知道生命的最後一刻時，會向自己的家人囑託些什麼。

　　調查發現，大部分的人都會對自己的親人要求，要好好地照顧其他親人。他們根本就沒有想自己要賺多少錢；也沒有人在抱怨自己的前途；更加沒有人再去想自己的房子和車子。人們在這個時候，唯一想到的就是親人們的愛。

　　最後，參與調查的人們總結道：人從剛剛來到這個世上，最需要的就是愛，可是許多人只有在即將離開這個世界時才意識到這一點。

　　人生最珍貴的，就是愛。最容易被我們所忽視的，也是愛。只要對人生多一些理解，只要能夠感受到愛，只要心中有愛就是幸福的。而且，在生活中，愛能夠創造很多奇蹟。

　　印度有一位教社會學的大學教授要學生們到貧民窟調查 200 名男孩的成長背景和生活環境，並為他們未來的發展做評估。幾天後，學生們得出的結論是：「他們毫無出頭的機會。」25 年後，另一位教授發現了這份研究，他叫學生做後續調查，看昔日這些男孩今天是何狀況。結果根據調查，除了有 20 名男孩搬離或過世，剩下的 180 名中有 176 名成就非凡，

其中擔任律師、醫生或商人的比比皆是。這位教授在驚訝之餘,決定深入調查此事。他拜訪了當年曾接受調查的年輕人,跟他們請教同一個問題,「你今日會成功的最大原因是什麼?」結果他們都不約而同地回答:「因為我遇到了一位好老師。」這位老師仍健在,雖然年邁,但還是耳聰目明,教授找到她後,問她到底有何絕招,能讓這些在貧民窟長大的孩子個個出人頭地?這位老太太眼中閃著慈祥的光芒,嘴角帶著微笑回答道:「其實也沒什麼,我愛這些孩子。」

一個追求幸福的人要懂得,如果我們每個人都學會在生活中隨處散播自己的愛心,多一分關愛給身邊的人,給別人一個關懷的眼神,一句鼓勵的話語,一個燦爛的微笑,一個溫暖的擁抱,這世界將會變成美好的人間。

春秋時期的教育家孔子,兩千多年前就提出了「仁者愛人」的思想,這裡所謂的「仁者」就是指那些具有大智慧,有愛心,有善心的人。孔子不但是關心他人,關愛他人的提倡者;在實際生活中,他處處以身作則,身體力行,以自己的實際行動踐行了「仁者愛人」的準則。記錄孔子及其弟子言行的書《論語·衛靈公篇》中記載了這樣一個故事:

有一個叫師冕的盲人樂師來見孔子,及階,子曰:「階也。」及席,子曰:「席也。」皆坐,子告之曰:「某在斯,某在斯。」師冕出,子張問曰:「與師言之道與?」子曰:「然,固相師之道也。」這段話的意思是說:「孔子和這個名叫師冕的盲人樂師打過招呼之後,盲人樂師走到臺階的時候,孔子說:「有臺階。」走到蓆子邊的時候,孔子說:「到蓆子邊了。」都坐下來以後,孔子告訴他說:誰誰誰,在這裡,誰誰誰,在那裡。師冕出去之後,孔子的弟子子張問道:「這是與盲人樂師說話的原則嗎?」孔子說:「是的,這本來就是幫助盲人樂師的原則。」

　　這則故事表明了孔子的一個態度，就是要對盲人這樣的弱勢群體表現出應有的關愛和照顧。讀到這裡，你也許會疑惑，這也沒什麼了不起啊！生活中我也能做到這些啊？的確，關心弱勢群體已成為現代文明社會的一項基本共識，但在 2600 多年的春秋時期，這樣的舉動確實是大仁大愛的表現了。在封建社會裡，正常人還被分為三六九等，盲人的地位就可想而知了。孔子與殘疾人的故事還啟示我們：在現實生活中與殘疾人相處的時候，要盡量站著殘疾人的角度來思考問題。應該直接與殘疾者交談，眼光正對著他們。如果對方坐在輪椅上，應盡量保持視線與他等高，也就是要蹲下來，或者坐下來。更重要的，絕不要對肢體殘疾的人使用侮辱性的稱呼，當然就更不能拿他們來開玩笑。和殘疾人相處應給予和健全人一樣的尊重。這是關愛人性的重要表現。由此可見，聖人孔子表所現出來的關愛精神值得現代的每一個人欽佩。

## ‖ 大愛無疆，大德無言 ‖

　　擁有愛心的人，其內心一定是包容世界萬物的。這種愛往往是超越了國界，超越了民族，超越了種族。擁有大愛的人要有博大的胸懷，要能容得下大千世界的芸芸眾生。擁有大愛之心的人是幸福的，他的幸福來自他把愛無私的施與了對方，從而獲得心靈上的幸福。

　　在這個世界上，就有一個人把幫助別人當成自己的使命，她要把愛都帶給世界上更多的人，把愛當成自己一輩子的事業，把愛施與世界上正在遭受貧困、戰爭、飢餓和瀕臨死亡邊緣的人，這個人就是天主教修女德蕾莎（Mater Teresia）。在一本關於他的書裡曾這樣描述她：

她創建的組織有四億多的資產，世界上最有錢的公司都樂意捐款給她；她的手下有七千多名正式成員，還有數不清的追隨者和義務工作者分布在一百多個國家，她認識眾多的總統、國王、傳媒巨頭和企業鉅子，並受到他們的仰慕和愛戴。

可是，她住的地方，唯一的電器是一部電話；她穿的衣服，一共只有三套，而且自己洗換，她只穿涼鞋沒有襪子。

她把一切都獻給了窮人、病人、孤兒、孤獨者、無家可歸者和垂死臨終者；她從 12 歲起，直到 87 歲去世，從來不為自己、而只為受苦受難的人活著。

在這個世界上，古往今來有不少富豪，對窮苦人慷慨解囊，有不少慈善家，開辦了不少孤兒院養老院。然而，她不是富豪，因為她沒有留給自己一分錢，甚至她不去賺錢，不去募款；她也不是一般的慈善家，因為她的目的，不是僅僅為窮人和鰥寡孤獨者提供衣食住處，不是僅僅為病人和遭災遭難者提供醫療服務，而是要在這一切之中，這一切之外，給這些人帶去愛心，讓他們感到自己有尊嚴、感到自己被人愛！

為此，她願意向這些人下跪；她立志要服侍窮人，所以先變成了窮人；她放棄了安適的修女和教師生活，穿上窮人的衣服，一頭栽進貧民窟、難民營和各種各樣的傳染病人之中，五十年如一日；她的追隨者們為了讓服侍的對象覺得有尊嚴，也仿效她的榜樣，過著窮人的生活，以便成為窮人的朋友。這種遠遠超過一般慈善事業的宗旨，展現在她的這句話中：「除了貧窮和飢餓，世界上最大的問題是孤獨和冷漠……孤獨也是一種飢餓，是期待溫暖愛心的飢餓。」所以，她的一生，用她自己的話來說，是「懷大愛心，做小事情」。

1979 年，諾貝爾委員會從包括促成埃以和談的美國總統吉米·卡特（Jimmy Carter）在內的 56 位候選人中，選出了她，把諾貝爾和平獎這項

殊榮授予了這位除了愛一無所有的修女。授獎公報說：「她的事業有一個重要的特點：尊重人的個性、尊重人的天賦價值。那些最孤獨的人、處境最悲慘的人，得到了她真誠的關懷和照料。這種情操發自她對人的尊重，完全沒有居高施捨的姿態。」公報還說：「她個人成功地彌合了富國與窮國之間的鴻溝，她以尊重人類尊嚴的觀念在兩者之間建設了一座橋梁。」

　　她的答辭是：「這項榮譽，我個人不配領受，今天，我來接受這項獎金，是代表世界上的窮人、病人和孤獨的人。」所以，把這筆巨額獎金全部用來為窮人和受苦受難的人們做事，這對她來說是最最自然不過的事情。一向克己的她還向諾貝爾委員會請求取消照例要舉行的授獎宴會。諾貝爾委員會當然答應了這一請求，並且把省下來的 7,100 美元贈予了她領導的仁愛修會。與此同時，瑞典全國掀起了向仁愛會捐款的熱潮。自此以後，她的事業得到了全世界越來越多的支持。

　　從「印度偉大女兒獎」到美國總統自由勳章，從卡內基獎到史懷澤獎，全世界至少有八十多個國家的元首、首腦、政府和各大領域的機構以及各個方面的國際組織，都向她頒發過崇高的榮譽和獎項。她的態度從以下兩例可見一斑：1964 年，羅馬教皇贈與她一輛白色林肯牌轎車，她將車作為抽彩義賣獎品，用所得款項建了一座痲瘋病醫院；1992 年，美國哥倫布騎士團將「喜樂與希望」獎牌授予她，獲獎後她立即打聽在哪裡可以出售獎牌，以便將出售所得和獎金一起交給修女會，用於救助窮人的事業。

　　德蕾莎從少年立志到彌留之際，幾十年如一日奔波操勞，身患重病時依然毫不停歇，只是為了世界上最底層、最悲慘的窮苦人們。所以，在另一位以慈愛之心感動千百萬人的婦女，英國王妃黛安娜（Diana, Princess of Wales）的葬禮正吸引世人目光的時候，德蕾莎去世的噩耗傳來，引起了全世界更大的震動；在印度，成千上萬的普通人冒著傾盆大

雨走上街頭，悼念他們敬愛的「德蕾莎」，政府宣布為她舉行國葬，全國哀悼兩天，總統為此宣布取消官方活動，總理親往加爾各答敬獻花圈、發表弔唁演說：從新加坡到英國，從紐西蘭到美國，各國元首和政府首腦紛紛發表講話，為這位「仁慈天使」的逝世感到悲痛；聯合國教科文組織專門發表聲明向她致敬，羅馬教廷專門舉行彌撒為她追思；菲律賓紅衣主教梅辛稱她為「代表和平、代表犧牲、代表歡樂」的象徵，甚至印度最大的清真寺的伊斯蘭教長布哈里也說，她是一位「永生的偉大的聖人！」

德蕾莎出生在南歐國家 —— 阿爾巴尼亞，但她的愛並沒有因國界而中斷。她將施愛的對象選擇了世界上所有的窮人，不管是白種人還是黑種人，是黃種人還是紅種人，只要是窮人或需要幫助的人。在面對人類社會的貧困、戰爭、飢餓和死亡時，我們欣慰世界上有德蕾莎這樣平等、博愛的人，把自己的愛和溫暖撒到世界上最黑暗的角落裡，讓那些被汙辱、被歧視和即將去離開這個世界的人重新獲得做人的尊嚴和榮譽。

## ∥ 心懷天下，博愛眾生 ∥

有人把取個漂亮的老婆作為最大追求，認為只有這樣才能幸福；有人把有車、有房作為畢生的追求，認為這樣就等於跨入成功人士的行列；而有的人卻把自己的追求放在了大千世界的芸芸眾生身上，願意以自身的行動來改變社會的不公和人民的貧困，並且認為這樣做才是自己最大的幸福。這種人通常指的就是那些心懷天下的人。心懷天下是一種超出自私的愛。一個人不管你出生在哪裡，從事什麼樣的工作，地位是高還是低，只要心中裝有天下蒼生，那你的人生境界和看待事物的眼界就會大不一樣，同樣，你的人生定位和追求幸福的道路也會與眾不同。也許，對許多人來

說，拯救天下蒼生是離自己很遙遠的事。就像街頭的乞丐一樣，不僅吃了上頓就不知道下頓該怎麼辦，還要經常忍受路人的白眼，像他們那樣沒有地位也沒有尊嚴的人又怎麼心懷天下呢？

事實上並不是這樣。貧窮和富有與人生境界並無太大的關係，即使有些人的能力與智慧還談不上為天下蒼生做出什麼貢獻，也可以透過不斷的學習，不斷的積蓄，不斷的去探索。只要心中裝有天下，就有可能去實現自己的理想。只有不斷縮短與天下之間的距離的人，才會做出讓人想像不到的天下事。才會在人生的路上做出偉大的事業。心懷天下的人都是慈悲的人，心懷天下的人都是博愛善良的人，心懷天下的人都是擁有責任感的人，心懷天下的人都是有夢的人，心懷天下的人總是在付出的人。心懷天下的人都是有人生使命的人，他們能清楚地看到自己存在的價值與理由。

# 第 11 堂課

## 熱忱 —— 以心暖心，助人樂己

# ‖ 用熱忱溫暖人心 ‖

「熱忱」是一種熱情，一種對人的熱情、對事物的熱情、對學習的熱情，還有對生命的熱情。

如果在生活中，你的熱情之火經常被人無情的澆滅，那將是一件非常不幸的事。比如說你想邀幾個朋友一起去聽音樂會，他們卻對你說：「算了吧，裝得還挺高雅！」你說要去看芭蕾舞，他們更為不屑：「你真的有興趣？那你自己去吧！」估計這些冷水潑到誰的頭上都不好受。有的時候，儘管有些活動你不願參加，也不能輕易給人潑冷水。因為，那樣做最容易打擊別人的積極性，扼殺別人的理想與夢想。己所不欲，勿施於人。對那些生活中保持熱忱的人，要經常鼓勵他和支持他，因為擁有這份熱忱，可以讓你做出很多原本可能做不到的事。

有個媽媽在廚房洗碗，她聽到小孩在後院玩樂的聲音，便對他喊道：「你在做什麼？」小孩回答：「我要跳到月球上！」小孩的話顯然有些不著邊際？但媽媽並沒有向他潑冷水，罵他「小孩子不要胡說」或「趕快進來洗乾淨」之類的話，而是說：「好，不要忘記回來喔！」後來，這個小孩就成為了第一個登上月球的人，他的名字叫阿姆斯壯。

在日常生活中，人們在面對從來沒有經歷過的事和陌生的環境時總會心存畏懼。因此，超越畏懼，不怕畏懼，面對畏懼，征服畏懼是培養熱忱和信心的一個重要途徑。怎樣在生活當中有效提升自己的熱忱程度呢？筆者認為還應該從以下兩個方面著手：一是強迫自己採取熱忱的行動，並持之以恆，你就會逐漸變得熱忱。二是深入挖掘你的題目，研究它，學習它，和它生活在一起，盡量搜集有關它的資料，這樣就會在不知不覺中使你變得熱忱。例如：卡內基以前對崇拜林肯並不熱忱，直到寫了一本關於

林肯的書以後，這種態度發生了改變，他開始了對林肯的熱忱崇拜。所以，有些時候，只有在深入了解之後，你才會對某些人和事產生熱情。

熱忱是人們將內心的感覺表現出來的一種行為，挖掘人們討論自己感興趣的問題的興趣，並打動人們的內心世界。同時，熱忱也是有一定限度的，不能把熱忱和大聲呼喚混合在一起。熱忱指的是一種熱情的精神本質，是深入人的內心。如果你內心裡充滿要幫助別人的熱忱，你就會興奮。你的興奮從你的眼睛，你的靈魂以至你整個人的各方各面輻射過來，你振奮的精神也會鼓舞和溫暖身邊的人。

熱忱溫暖人心，熱忱創造幸福，如果每個人都保持一份對他人的熱忱，我們生活的世界將真的會變成溫暖的人間。

## 多誇誇別人的長處

莎士比亞（William Shakespeare）曾經說過這樣一句話：「讚美是照在人心靈上的陽光。沒有陽光，我們就不能生長。」心理學家威廉姆·傑爾士也說過這樣一句話：「人性最深切的需求就是渴望別人的欣賞。」在人與人的交往中，適當的讚美會使對方增強和諧、溫暖和美好的情感，因為正是你的讚美，使他的價值得到肯定，你自己也會獲得一種成就感。邱吉爾說：「你要別人具有怎樣的優點，你就要怎樣的去讚美他。」讚美具有一種不可思議的推動力量，對他人的真誠讚美就像沙漠中的甘泉一樣讓人心靈滋潤。許多歌唱家和運動員之所以在自己的專業領域中取得輝煌成績，很大程度上歸功於他們在幼年參加各種活動取得優異成績時受到讚賞，這種讚賞激發出一股巨大的潛力，從而讓這些孩子在以後的人生中更加自信。

讚美可以激勵別人發揮潛能，實現理想，可以建立他們的信心，並使他們成長。有一位心理學家曾這樣說過，教育孩子沒有其他竅門，只要稱讚他們，當他們把飯吃完時，要讚美他們，完成作業時，也要讚美他們，當他們學會騎自行車時，要讚美他們，鼓勵他們。

列夫·托爾斯泰（Leo Tolstoy）是舉世聞名的大文學家，他的《戰爭與和平》（*War and Peace*）等多部作品被譯成多國文字在世界各地廣為流傳。托爾斯泰也成為了世界文壇上一顆耀眼的明星。而關於他成名的歷程，曾經流傳著這樣一個故事：

1852 年，俄國大名鼎鼎的作家伊凡·屠格涅夫（Ivan Turgenev）在打獵的時候，無意間在松林中撿到一本皺巴巴的《現代人》雜誌，他隨手翻了幾頁，被一篇題為〈童年〉的小說所深深吸引，作者是個初出茅廬的無名小輩，但屠格涅夫卻十分欣賞這篇文章。他四處打聽作者的情況，得知作者兩歲時喪母，七歲時失父，遭遇坎坷，後來，他的姑媽將他撫養成人。聽了姑媽的講述，屠格涅夫更是給予了極大的同情和關心。他把自己讀〈童年〉的感受告知了作者的姑媽，並在多次講學、會客等場合讚美作者，因此〈童年〉小說引起了眾人的關心，轟動一時。

姑媽很快就寫信告訴姪兒：「你的小說〈童年〉在瓦列里揚引起了很大轟動，著名作家屠格涅夫逢人就稱讚你。他還說這位青年如果堅持寫下去，他的前途一定不可限量！」作者收到姑媽的信後，驚喜若狂，他本是因為生活的苦悶而信筆塗鴉打發心中的寂寥，自己可沒有當作家的妄念。由於知名作家屠格涅夫的欣賞讚美，竟一下點燃了他心中的希望與奮鬥的火焰，樹立了自信

和理想，以極大的熱情投入到了創作中，最終他成為享譽世界的著名作家、思想家、藝術家。

因為一句讚美而改變他人的一生，這樣的例子古今還有很多。是的，被別人讚美並不容易，你必須擁有被人讚美的長處。讚美別人同樣不易，你必須具備識人的慧眼與容人的氣度。然而，令人痛心的是，當代社會，懂得讚美別人的人，似乎越來越少了，而孤芳自賞，自誇自贊者倒是大有人在，自我大肆炒作已成為一種「時尚」，甚至把自己的不良行為當「高尚」也不乏其人。有些人對別人的優點視而不見，甚至把別人的良好品德當傻子，把善舉當笑話，也是司空見慣。讚美別人是社會的一項基本美德，無論什麼時候都是生活所需要的，更是構建和諧社會所必須的。

讚美別人，可以使我們的心靈在欣賞與讚美中得到淨化。讚美別人，可以使我們的內心滿溢著愛，從而建立健康和諧的人際關係。如果經常讚美人便會發現我們身邊有太多美好的東西，我們的生活充滿了陽光，會發自心底對生命對生活的感激。當今社會飛速發展，人們用於溝通的時間越來越少，學會讚美別人，人與人之間便會多一份理解，少一點戒備；多一份溫暖，少一點冷漠；多一份融洽，少一點隔閡。讚美不是廉價的吹捧，不是無原則的你好我好大家好，不是投其所好的精神按摩，更不是包藏禍心的精神賄賂。讚美別人，是發自內心的欣賞與感動，是友善、是鼓勵、是寬容。她蘊涵著尊重、理解和支持。

要讚美別人，就必須克服那種狹隘的心態和陰暗的心裡，一個始終想著自己的得失的人，一個總用戒備和提防的心理去對待別人的人，是不可能去欣賞別人的。也就更談不上由衷的讚美別人了。法國作家雨果說過：「世界上最寬闊的東西是海洋，比海洋更寬闊的是天空，比天空更寬闊的

的是人的心靈。」我們應該像大海一樣笑納百川，像天空一樣任鷹翱翔，像高山一樣簇擁群峰。摒棄自大、自負和自滿，毫不吝嗇地對別人的才智、德操、品行送上一句由衷的讚美吧！

## ‖ 讓冷漠遠離自己 ‖

剛剛踏入社會的年輕人最能體會人情的冷漠。平常倒還看不出來什麼，可當遇到一些生活和工作中的現實問題，特別是人與人之間的利益衝突的時候，人情冷漠的嘴臉便畢現無疑。有人說：「冷漠像沙漠，讓沐浴著愛雨的人驟然間手足無措。」

個別的人在生活中碰了幾次釘子以後，便心灰意冷起來，自以為看破了「紅塵」，看透了人生，熱情消失了，興趣沒有了，對一切表現得很漠然。這種冷漠的心態，對一個人的健康性格和良好心理的形成和發展，有著很大的危害。主要表現在以下幾個方面：

首先，冷漠的心態代表著一個人心靈的不健全。一個人如果對自己周圍的人或事都表現出冷漠，那麼，冷漠心態長期發展下去，就有可能轉化為他的性格特徵。冷漠的性格，對於一個人的健康發展十分有害。具有冷漠心態的人，由於對周圍一切的人和事物都有漠視的冷淡態度，因而不能很好地和別人相處、溝通與合作，看不到生活的本質和真諦，看不到人的心靈深處高尚美好的東西。因此，跟隨冷漠而來的，必將是內心深處的孤寂、淒涼和空虛。

其次，冷漠心態代表著一個人心靈上的麻木。一個人如果對自己周圍的人或事都表現出冷漠，那麼，就好似一種心靈上的麻醉劑，會使他的心靈變得麻木。一個對什麼都激不起熱情和興趣、對什麼都冷漠的人，內心生活必

定是暮氣沉沉，死水一潭。如果對周圍的一切都採取漠然視之、麻木不仁的態度，那無疑是自己壓抑自己，是一種可悲的自我摧殘和自我埋葬。

最後，冷漠心態代表著一個人責任感的泯滅。一個人如果對她周圍的人或事都表現出冷漠，那麼，就會把自己從人與人之間互相依賴的密切連繫中割裂開來，以超脫的「看透者」自居，以一種不以為然的、譏諷的、嘲笑的眼光看待一切。在他看來，自己和團體、和他人是不相干的，是沒有義務和責任的，自己可以漠視他們，不關心他們。因此，除了自身利益以外，對一切都不看重，對一切都不感興趣。這樣一來，冷漠的心態就成了一種可怕的毒素，它能使一個人變成對什麼事情都不關心的庸人。冷漠態度的最終結果，只能把一個人塑造成為玩世不恭、消極混世的自冷者。

心理學家發現：冷漠有其深刻地心理成因。一般來說，當人們失去親友、事業不順或健康不佳時，會失去生活的動力和信心，這時，冷漠就可能產生。因為這些都是我們生命中的至愛，一旦失去，會給我們帶來不可估量的創傷，甚至讓人覺得生命已無意義，這時還會有什麼興趣呢？尤其是年輕人，對生命、事業、朋友、愛情都有很高的希冀。殊不知，希望越高，一旦不能實現，失望也越大。所以，冷漠源於一種觀念的狹隘和過高的成就動機。成就對每個人來說是不可缺少的心理動力。然而，過高的成就動機帶來沉重的心理負荷，往往是心理疾病的根源。

實際上，冷漠的背後是缺乏愛的表現，要改變冷漠的態度，不是要一個人去做多麼驚天動地的事業，而只是從身邊的小事做起，去克服冷漠，擁抱生活。下面介紹生活中克服冷漠的幾種方法：

· **努力使自己的定位清楚**：性格開朗熱情的人會經常評價自己的能力，很早就已經抱持「我要在職場闖出一番成就」的決心。他們知道，在職場上為自己定下什麼樣的目標，往往結果就會如何。例如：為自己

定下「要在幾年內成為主管」的目標，並且有計畫地去達成過程中必須完成的小目標，自然就有成功的機會。這樣，在生活中就會減少挫折和懷才不遇的感覺。

· **勇於提出自己的要求**：千萬不要以為，別人會很主動地注意你的需求，會替你設想，為你規劃升遷之路。其實，一個部門中人數眾多，主管很難顧及每個人的需求。如果你有很強的事業心，最好主動讓主管知道，以免因感覺遭到冷落，而熄滅對工作的熱情之火。

· **勇於踴躍發言**：在職場，性格內向、沉默寡言的人的意見往往會被淹沒，成為「沒有聲音的人」。為了激發自己的熱情，讓別人了解你的能力，你應該堅信，自己絕對有發表意見的權利。在發言前要有所準備，有條理地陳述意見，並且言之有物。

· **積極推銷自己**：在職場上，自我推銷是絕對有必要的。在眾多同事中，如何讓老闆發現你的事業心和專業能力，需要有一些主動的作為。

· **學會邊做邊學**：熱情不足的人往往容易退縮，對於未曾做過的工作，總是顯得遲疑不前，也因此錯過許多表現的機會。而進取心強的人，則不願錯過任何表現的機會。他們知道，對一件工作即使不是完全熟悉，還是可以邊做邊學，而且要滿懷信心地上場接受挑戰。即使做錯，也能得到寶貴的經驗。

只要你擁有對工作的極大熱情，即使你不具備超人的人氣，也會獲得極大的收穫 —— 無論是物質上的還是精神上的。如果一個人對工作毫無熱情，他就會覺得工作辛苦而單調，一個對工作充滿熱情的人，即使睡眠時間比平時少一些，工作量超出平時的兩倍，也都不會覺得疲倦。

# 第 12 堂課

## 自信 —— 面對困難，鼓足信心

# ‖ 相信自己能行 ‖

俄國作家馬克西姆・高爾基（Maxim Gorky）曾說過：「所謂才能，是相信自己，相信自己的力量。」人活著，是應該擁有一份自信的，自信是自立之基，自信乃自尊之本，人無自信，何以能繪出絢麗的七彩人生。生活中，人人都希望成功，渴望成功，但究竟怎樣才能成功呢？絕大多數人都會提出這樣的問題，對於這個問題，人們往往會回答：「成功來自於方法和毅力。」「成功源自堅持」等等。實際上，成功更重要的是來源於自身的一種積極的習慣 —— 時刻相信自己能成功。在我們每個人的內心深處，都有一種與生俱來的力量。這種神奇的力量並不是來自虛無縹緲的神靈，而是出自本身。喚醒它的辦法就是 —— 相信自己。

法國的拿破崙率帶他的軍隊橫掃歐洲，改寫了歐洲乃至世界的歷史進程，他的成功可以說來源於他具有堅定的自信心。他曾講過這樣一句名言：「我成功是因為我志在成功。」可見，自信是成功的原動力。有信心未必能做到，沒信心則一定做不到。

一個將軍在兵力不足的情況下，決定拋銅錢來決定命運。如果正面朝上軍隊就會勝，正面朝下就會敗。然而將軍拋了兩次都是正面朝上，全軍歡呼雀躍。最後，以少勝多，贏得了這場戰役。而當將士們提出要感謝神靈的時候，將軍拿出了那枚銅錢。出乎將士們的意料，那兩枚銅錢的兩面都是正面。命運不可能決定一個人的一生，並不是只要拜到了神，事情就一定會成功、沒有拜神事情就必然會失敗，其實這一切的一切，都取決於你是否相信自己，是否對自己有信心。相信自己，就成功 50％；如果否定自己，就是 100％的失敗。

小澤征爾是世界著名的交響樂指揮家。在一次世界優秀指揮家大賽

中，他敏銳地發現評委給的樂譜有錯誤。當時，在場的作曲家和評委會的權威人士堅持說樂譜沒有問題，他思考再三，最後斬釘截鐵地說：「不！一定是樂譜錯了！」話音剛落，評委們以熱烈的掌聲祝賀他大賽奪魁。原來，這一切都是評委們設計的「圈套」。前兩位參賽的指揮家也發現了錯誤，但終因隨聲附和權威的意見而被淘汰。小澤征爾因相信自己而摘取了世界指揮家。

一個雕塑家有天發現自己的面貌越來越醜了，並不指膚色、五官，而是指自己的神情、神態，怎麼就那樣的「狡詐」、「凶惡」、「古怪」，以至於使面相本身也讓人可惡可怕。他遍訪名醫，均無辦法，因為吃藥、整型都無法醫治一個人的愁眉苦臉，無法醫治一個人的神態。一個偶然的機會，他遊歷到一座寺廟，把自己的苦衷向長老說了，長老說：「我可以治你的病，但是不是白治，你必須先為我做點工作 —— 雕塑幾尊神態各異的觀音像。」雕塑家接受了這個條件。觀音菩薩是慈祥、善良、聖潔、寬仁、正義的化身。雕塑家在塑造過程中不斷研究，思索觀音的德行言表，不斷模擬觀音的心態和神情，達到了忘我的程度。半年後，工作完成了，同時他驚喜地發現自己的相貌已經變得神清氣爽、端正莊嚴了。他感謝長老治好了他的病。長老卻說：「不，是你自己治好了自己。正所謂：「相由心生，相隨心滅。」

一位哲人說過：「沒有任何東西可以阻擋思維方式正確的人達到他的目的，也沒有任何東西可以幫助思維方式錯誤的人。」心理學中有一個術語叫羅森塔爾（Robert Rosenthal）效應，指的是美國哈佛大學心理學教授羅森塔爾曾經做過的一個教育效應的實驗。他在一個班的學生名單上挑出一些，告訴老師這幾個學生特別聰明，老師就對這幾個學生有了印象。於是，老師對這些學生特別欣賞，經常鼓勵、誇獎、表揚，對他們的

缺點也會原諒。經過一段時間，發現這些學生的學習確實比其他學生更優異，表現得更聰明。這時候，羅森塔爾教授卻說，他是在名單上隨意點的，他對學生的情況一無所知。現代教育學、心理學對這一現象有一個簡單的總結：當你把培養對象當作聰明的學生來對待時，就能使這些對象確實變得比較聰明，這就叫羅森塔爾效應。自卑是一種因過多的自我否定而產生的自慚形穢的情緒。我們每個人或多或少有各種各樣的自卑情結。當自卑達到一定程度，影響到學習和工作的正常進行時，就成為心理障礙。自卑心理有的時候可以轉化為巨大的動力，有的時候可能轉化為巨大的消極因素，關鍵看你如何對待它。這種轉化就是把自卑轉化為自信。

　　自信是消除自卑，促進成功的最有效的方法，要對自己有充分的信心，對任何事都要有一個必勝的信念。為了幫助那些還在自卑陰影中掙扎的人們，在這裡我們列出六種走出自卑提高自信的方法，供讀者參考。

- **默念「我行」、「我可以」**：默念時要果斷，要反覆念，特別是在遇到困難時更要默念。只要你堅持默念，特別是在早晨起床後反覆默念九次，在晚上臨睡前默念九次，就會透過自我的積極暗示心理，使你逐漸樹立信心，逐漸有了心理力量。

- **多想開心的事**：每個人都有自己開心的事，開心的事就是你做得成功的事，那是你信心的產物，力量的產物。每個人多回憶自己開心的事，將使你正確估價自己的力量。

- **面帶微笑**：笑是快樂的表現。笑能使人產生信心和力量；笑能使人心情舒暢，振奮精神；笑能使人忘記憂愁，擺脫煩惱。沒有信心的人，經常是愁眉苦臉，無精打采，眼神呆板。雄心勃勃的人，眼睛閃閃發亮，滿面春風。

- 挺胸抬頭：人的姿勢與人的內心體驗是相適應的，姿勢的表現可以與內心的體驗相互促進。一個人越有信心，越有力量便越昂首挺胸。成功的人，得意的人，獲得勝利的人則意氣風發。一個人越沒有力量，越自卑就越無精打采，垂頭喪氣。學會自然的昂首挺胸就會逐步樹立信心，增強信心。
- 主動與人交往：在與人微笑的問候中，雙方都會感到人間的溫暖，人間的真情，這種溫暖與真情就會使人充滿力量，就會使人增添信心。
- 欣賞振奮人心的音樂：人們都有這樣的情緒體驗，當聽到雄壯激昂的《義勇軍進行曲》時，往往因受到激勵而熱情奔放，鬥志昂揚；當聽到低沉、悲壯的哀樂時，往往便悲痛，懷念之情湧上心頭。當人受到挫折的時候，情緒低沉的時候，缺乏信心的時候，選擇適當的音樂來欣賞，能幫助人振奮精神。

當今社會，在風雲突變的商海中，在群雄逐鹿的競爭下，彼此間少了份真誠與信賴，多了些流言和猜疑，面對殘酷的現實我們只有相信自己，相信自己的實力，相信自己的選擇。用我們的愛、我們的信念、我們的寬容、我們的自信和我們獨有的人格魅力去征服我們所要征服的一切。

## 把人生目標定遠一點

成功是每個人夢寐以求的事，很多人為了實現此目標費盡了心機，但就像所有的事物都有其內在的規律一樣，追求成功也要講究一定方法的。在開始邁向成功之前，應先問你自己一個問題，你的目標是什麼？

成功是個老生常談的話題。孔子說，吾十五有志於學，就是有了人生目標。人生的意義就在於有目標。科學家曾經做了一個實驗，把一些毛毛

蟲放在花盆邊緣上，首尾相接，然後毛毛蟲一條挨一條地爬行轉圈，樂此不疲，無休無止。毛毛蟲的這種行動是盲目的，毫無意義的，因為牠們沒有思想，不會思考轉圈的目的。我們多少人的生活就像這些毛毛蟲，一年到頭辛苦地轉圈，也不知所為何事，更難以談得上人生的成就了。這是沒有目標的悲哀。

所謂目標，就是要達到的一種狀態或者想擁有的東西，同時要制訂相對的計畫並付諸行動。沒有計畫和行動的目標是空想。小時候，老師經常會以「我的理想」為題目讓我們展望未來，當科學家、作家、畫家、醫生等等，這個理想就是人生的目標。但當我們成年後，目標並沒有實現。可見兒時的目標是模糊的，沒有計畫也不具操作性，當然無法實現。

設定明確的目標，是所有成就的出發點，大部分人失敗的原因，就在於他們從來都沒有設定明確的目標，並且也從來沒有踏出他們的第一步。

當你關心那些已經獲得成功的人物時，你會發現，他們都是各有一套明確的目標，都已訂出達到目標的計畫，並且花費最大的心思和付出最大的努力來實現他們的目標。安德魯·卡內基（Andrew Carnegie）原本是一家鋼鐵廠的工人，憑藉著製造銷售比其他同行更高品質的鋼鐵為目標，成為當時美國最富有的人之一。此後，他在全美國小城鎮中捐蓋圖書館。他對明確目標已不僅僅停留在願望上，而是形成了一股強烈的欲望，意識願望和強烈欲望之間的差異是極為重要的，我們每個人都希望得到更好的東西 —— 如金錢、名譽、尊重。但是大多數的人都僅把這些希望當作一種願望而已，如果你知道你希望得到的是什麼，如果你高度執著於自己的目標，而且能以不斷的努力和穩健來支持這份執著的話，那你就已經是在發展你的明確目標。

美國西點軍校的教材裡有這樣一個故事：一支遠征軍正在穿過一片白

茫茫的雪地，突然，一個士兵痛苦地摀住雙眼：「上帝啊！我什麼也看不見了！」沒過多久，幾乎所有的士兵都罹患了這種怪病。這件事在軍事界掀起了軒然大波，直到後來才真相大白 —— 原來致使那麼多軍人失明的罪魁禍首居然是他們的眼睛，是他們的眼睛不知疲倦地搜索世界，從一個落點到另一個落點。如果連續搜索世界而找不到任何一個落點，眼睛就會因過度緊張而導致失明。在一片白茫茫的雪地中，士兵找不到一個確定的目標，而導致眼睛失明。人生也是這樣，目標太多等於沒有目標，沒有目標，人生也就一片黑暗。

確立目標的目的在於能夠實現目標。所以目標要明確具體，要有時間限定，因為時間因素對後面的小目標以及行動有重大影響。人生目標有大有小，大到十年以後能成為科學家，億萬富翁；小到買一輛漂亮的汽車和出國旅遊等等。大目標需要長期規劃，逐步分解，成為每年、每月和每天的小目標，如果每天都有一個小目標，每天的行動就不會成為無用功了。而當你每天完成了自己設定的小目標後，你會有一種成就感，同時你又向大目標靠攏了一步。以出國旅遊為例，你準備何時去，是明年還是後年去；怎麼去，坐火車還是搭飛機；要參觀哪些景點，吃住怎麼安排，總費用預計是多少，總之將目標進行量化。如果是明年去，那麼從現在開始每個月要存多少錢。每個月的小目標有了，再制定好每月的收支計畫，然後每天就按照計畫去執行。只要每天都處於受控狀態，每月的計畫就可以完成，每月計畫實現了，明年去海外旅遊的目標就不會落空。這裡最關鍵的環節是每天的執行，要不折不扣地完成，克服壞習慣，如惰性、散漫、自我放縱等等。

人生目標的實質就是個人「願景」，思想有多遠，我們就能走多遠。當英國作家蕭伯納（George Bernard Shaw）還是一個小小的政府職員

的時候，每天規定自己寫一篇短文，多年的堅持最終成就了他的事業。清代名臣曾國藩說：「第一要有志，第二要有恆，有志則斷不甘為下流，有恆則斷無不成之事。」可見有志就能樹立遠大目標，有恆就能制定計畫，堅持不懈地行動，今天的目標必將變成明天的現實。

# ‖ 走出自卑，接受自我 ‖

阿爾弗雷德·阿德勒（Alfred Adler）在其著作《自卑與超越》（*What Life Should Mean to You*）中寫道：我們每個人都有不同程度的自卑感，因為沒有一個人對其現時的地位感到滿意；對優越感的追求是所有人的通性。然而，並不是人人都能超越自卑、關鍵在於正確對待職業、社會，在於正確理解生活。很多時候，自卑者之所以自卑很多時候是其不願意承認自己的缺陷或過度誇大自己的不足，這兩種做法其實質是一樣的。拒絕承認自己的不足是掩耳盜鈴的做法，就像精神勝利法一樣，其骨子裡頭是自卑感在作怪。而誇大自己的缺陷則往往是因為信心不足，預先為自己的失敗找一個臺階，以逃避對失敗的責任。但形成習慣之後，人往往就會確信自己確實存在其想像中的不足了。所以，要提升自己的自信心，首先就要學會接納自己，它包括接受自己的缺點和優點。

接納自我，就好比那些處在深度戀愛中的人。如果你曾經真正投入地去愛一個人，你就會明白接受意味著什麼。那時你就會容納最大限度的容納對方，即使是對方犯了很大的錯誤。你也不會計較他（她），或者對你的態度，你只是完整地接受，完整地奉獻，這就是為什麼會說「愛到深處人孤獨」，因為這是全情地投入，忘我地奉獻的必然的結果。

接受，意味著對自己誠實，正視自我的存在，完全地信任自我；意味

著關心自己內心的感受，傾聽內心深處的聲音；意味著用新的眼光看待自己；意味著使自己完全投入到生活當中，而不是徘徊不前，覺得自己還是不夠資格投身於人生的賽場；意味著作為人類的一分子來敬畏你自己的人性本質和無限潛力；意味著允許自己成長並達到所能設想的最高境地。你不必向他人誇口，你只是自然地發現自己是一部精緻的傑作就行了。

接受自我是種自愛，但與自私、自戀有本質的區別。自愛是種自我珍惜的情感，意味著接納自我的同時會去珍愛這個世界。自私是以個人利益為中心，不顧他人的利益的一種選擇，而自戀則是自我中心的極端的自我。

試著站在一面鏡子前，注意觀察你的臉孔和全身，在這過程中要注意自己的感受。你可能會更喜歡看到某些部位，而不喜歡另外一些部分。如果你是和絕大多數人一樣，那麼，你會發現有些地方是不怎麼耐看的，因為它會使你不安或不愉快。可能你會看到臉上有一些你所不想看到的痛苦表情；可能你看到了時光在你臉上留下的痕跡，且無法忍受隨之而來的想法和情感。於是，你想逃避、否認、甚至不承認那是自己的容貌。但請你注視鏡子裡的形象，多堅持一會，並試著對自己說「無論我的缺陷是什麼，我都無條件地完全接受。」望著鏡子，深呼吸並反覆說這句話，重複一兩分鐘，放慢語速。或許你真的不欣賞鏡子裡看到的一些東西，但「接受」不一定是喜歡。它只是讓你去面對現實，讓你體驗「哦，這就是我，我接受它！」

每天堅持做兩次這樣的訓練，不久你就會發現：你的自尊心和自信心提高了，你與自己的距離更近了，而你對自身的不足也能以一種超越的心態去面對了。

自我接受看似簡單，而實際上它是我們獲取進步和發展的先決條件。只有這樣，我們才會更全面地認識自己行為的性質，進而更自信地評價自

己。同時，在接受自己的基礎上，要學會自我解嘲。當一個人能夠以幽默的方式嘲笑自己的不足時，他就能夠獲得超然的心境。正如心理學家波希霍汀所說：「不要對自己太過嚴肅，對自己的一些愚蠢的念頭，不妨『開懷一笑』，一定能將它們笑得不見蹤影。」

接受自我，信任自我表達著一種高度的自知，意味著高度的自信。

# 第 13 堂課

## 自律 —— 避免不必要的煩惱

# ‖ 控制自己比贏得別人更重要 ‖

　　一個無法控制自己的人是很難取得成功的，人一旦失去了自制，別人就會輕易將他打敗，這是一條鐵的定律，然而，控制自己並不是一件容易的事情，因為每個人心中永遠存在著理性與感性的鬥爭。自我控制、自我約束就是要求一個人按理智的原則判斷行事，克服追求一時的滿足和本能的欲望。一個真正具有自我約束的人，即使在情緒非常激動時，也是能夠做到這一點的。

　　有所創造的人，有大成就的人，都是善於自我控制的人。因為他們的心智、精神和目標能夠達到協調一致；而那些內心混亂的人常常會走向失敗，由於他們不能集中注意力，於是一切成功都遠離他們而去。一個人必須首先控制好自己，才能在為人處世當中協調各種因素，發揮出最大功效，然後取得成功。每個人都應該積極進取、奮發有為，努力提升自己的生活品味，使自己從常人中脫穎而出，成為一個有價值的人。但是，如果他不能自律，不能有效地控制自己的情緒、成為自己命運的主人，他就很難做到這一點。如果他不能自控，就根本別想去影響別人、掌握住局面。

　　美國賓夕法尼亞的一家雜貨鋪裡，富蘭克林親眼目睹了一件事，它說明了自制對一個人的重要性。

　　在這家雜貨鋪受理顧客投訴的櫃檯前，許多女士排著長長的隊伍，爭著向櫃檯後的那位年輕小姐訴說他們的遭遇。在這些投訴的婦女中，有些十分憤怒且蠻不講理，有些甚至講出很難聽的話。櫃檯後的這位年輕小姐臉上帶著微笑，一一接待了這些憤怒而不滿的婦女，絲毫未表現出任何憎惡。她的態度優雅而鎮靜。

　　站在她背後的是另一位年輕小姐，她在一些紙條上寫下一些字，然後

把紙條交給站在前面的那位小姐。這些紙條很簡要地記下婦女們抱怨的內容，但省略了那些尖酸而憤怒的話語。原來，站在櫃檯後面，面帶微笑聆聽顧客抱怨的這位年輕女郎是位聾子，她的助手透過紙條把所有必要的事實告訴她。

富蘭克林對這種安排十分感興趣。他站在那裡觀看那群排成長隊的婦女，發現櫃檯後面那位年輕小姐臉上親切的微笑，對這些憤怒的婦女們產生了良好的影響。她們來到她面前時，個個像是咆哮怒吼的野狼，可當她們離開時，卻個個像是溫柔的綿羊。事實上，她們之中的某些人離開時，臉上甚至露出羞怯的神情，因為這位年輕小姐的「自制」已使她們對自己的作為感到慚愧。自從富蘭克林親眼看到那一幕之後，每當對自己所不喜歡聽到的評論感到不耐煩時，他就立刻想起了櫃檯後面那位女郎的自制而鎮靜的神態。他經常這麼想：每個人都應該有一副「心理耳罩」，有時候可以用來遮住自己的雙耳。富蘭克林個人已經養成一種習慣，對於不願意聽到的那些無聊談話，可以把兩個耳朵「閉上」，以免在聽到之後徒增憎恨與憤怒。生命十分短暫，有很多應該做的工作等待我們去做，因此，我們不必對說出我們不喜歡聽到的話語的每個人去進行反擊。

自我約束表現為一種自我控制的能力。一個人的自由並非來自只「做自己高興做的事」或者採取一種不顧別人感受的態度。自己要戰勝自己的的情緒，證明自己有控制自己命運的能力。如果任憑情緒支配自己的行動，那自己就會成為情緒的奴隸。一個被自己情緒所奴役的人是根本沒有自由可言的。

在現實的世界中，每個人都在透過努力，使自己生活得更加幸福，並且在向著這個的目標邁進。但是，我們絕不能做只顧一時痛快而絲毫不顧及可能發生的後果。因為人們的感情大都容易傾向於獲得暫時的滿足，所

以，要善於做好自我約束。這裡值得注意的是，往往那些提供暫時滿足的事，通常就是對我們的健康、快樂和成功最有害的事情。因此，在追求幸福生活的同時，應該努力避免做一些會對自己將來可能產生不良後果的事。

一個人如果沒有養成自我約束的習慣，要付出的代價就是他會不斷成為自己承諾的受害者。例如：在日常生活當中，「我保證……」就是最危險的句子之一。這樣經常會導致很多人把大量時間和精力花費在了去做一些無意義的工作上。這個世界看起來好像存在著一些被大眾廣泛接受、但卻查無實據的保證。事實上，我們生活的世界中只有一個可靠的保證，那便是：一個經常向你保證一切都沒有問題的人，是最有問題的人。

在某些情況下，具有自我約束能力和做一個有自我約束能力的人之間是有差別的。做一個有自我約束能力的人，是指偶爾表現出的自我約束能力，它能使你的生活避免不必要的一些麻煩，但要想取得真正的成功，就要堅持不懈的保持自己的自制力。人的一生指的就是年、月、日的累積，學會控制那些在短時間和階段內發生的事，將決定你一生的成功和幸福。

## ∣ 別讓驕傲干擾自律 ∣

驕傲自大不會有太大出息，相反，自大往往是壞事的開始。人貴有自知之明，盲目自大自負，對己有害無益，對人對事也有損無補。古老的《尚書》中就有「滿招損，謙受益，時乃天道。」的記載。一個人之所以犯錯誤，往往不是因為他什麼都不懂，而是因為他自以為什麼都懂。自滿、自高自大和輕信是人生當中的三大暗礁。一個驕傲自大的人，會在驕傲與自大中毀滅自己的事業，甚至是自己本身，這是歷史的經驗教訓。

三國時期的關羽，文武雙全，可就是有一個驕傲自滿的毛病。東吳的

陸遜和呂蒙就利用了他「依恃英雄，自料無敵」的弱點，設下了「驕其心，懈其備」的策略，以期從關羽手中奪回荊州。他們安排老將呂蒙裝病，由當時沒有名氣的年輕人陸遜當主帥。陸遜還派人故意低三下四地給關羽送禮。關羽看不起年輕的陸遜，又沒有識破東吳的計策，很快把鎮守荊州的兵調走一半，防備也鬆懈了，使陸遜和呂蒙輕而易舉地奪取了荊州。按關羽的智力和英勇，不應該被年輕的陸遜所打敗，也不至於連個易守難攻的荊州都保不住。然而，聰明反被聰明誤，驕傲把自己引到失敗的下場。

明朝後期，李自成發動農夫起義。數年間，他率領的農夫軍發展成為一支規模宏大的隊伍，經過奮鬥廝殺，這支隊伍占領了明王朝的國都北京城。巨大的勝利沖昏了這支軍隊領導層。李自成初到北京就命人搜刮皇宮，發現大內府庫中只有黃金十七萬，白銀十三萬，失望至極，於是下令「追贓」。他的部下劉宗敏下令：「一品必須獻銀累萬，以下必須累千。痛快獻銀者，立刻放人；匿銀不獻者，大刑伺候。」一時之間，棍杖狂飛，炮烙挑筋，挖眼割腸，北京城內四處響起明朝官員的慘嚎之聲。同時，城中富民不少人也被拷掠，平民的薪米盡被農夫軍搶掠以供軍用。城內餓屍遍地。無論官員、富民、居民，只要看上去有錢，肯定會被請至此處挨刑。經過數天拷掠，劉宗敏的部隊共得銀七千多萬兩。見劉宗敏等諸營皆富，李自成的部下只得粗米馬豆當糧食，於是官兵們私下相率出宮淫掠，遍入民間房舍搶財姦淫。

明將吳三桂本準備投降李自成，得知了大順軍在北京拷打明朝官員追贓之事，吳三桂大失所望。後又得知自己父親也被拷打的消息，憤怒至極，決定不再入京。而是以大明孤臣的身分，向清廷「借兵復仇」。多爾袞接到吳三桂密信，大喜過望，立刻直奔山海關而來。結果農夫軍大敗，

李自成僅剩數千殘卒敗退。為洩憤，他下令剮殺吳三桂的父親吳襄，把首級懸於高杆之上。這些敗兵入城後，皆知末日將至，完全喪失紀律，開始在北京城內燒殺奸掠，備極慘毒。李自成敗退北京城後，第一件事就是派人把吳三桂全家 34 口盡數剮殺。第二天，即在武英殿舉行正式「登基禮」，頭戴冠冕，受「百官」朝賀。第三天一大早就匆忙離京，向西奔逃。自入城到離京，他的「大順」政權僅存在了 42 天。隨後，李自成率領農夫軍大隊人馬行至湖北通山縣境時被殺。

驕傲常常使人喪失一種耐心，不思進取，裹足不前，抱守著曾有的那份自信、驕傲、僥倖，當發現對手已經達到勝利的終點時，卻已落下「失敗的強者」的美名。

龜兔賽跑的故事早已家喻戶曉，比賽的結果是兔子以驕傲鬆懈而失敗；烏龜以持之以恆而勝利。在兔子的心裡，牠根本就沒有把爬行的烏龜放在眼裡，也許牠是計劃在烏龜即將到達終點線時，再以充沛的精力加上自信的神速，在烏龜即將勝利的一剎那搶先到達，讓烏龜的努力付之東流，徹底摧毀烏龜的意志，達到既取得了勝利又羞辱了對方的目的。但是驕兵必敗，當我們面對成功時，都要保持一種謹慎、謙虛的態度，千萬不能忘乎所以。

在人們的各種習氣中，克服驕傲可算得上最難的一種。雖你極力藏匿它，克服它，消滅它，但無論如何，它總會在你不知不覺之時顯露出來。我們不要讓驕傲支配了自己。由於驕傲，我們會在該同意的時候固執起來；由於驕傲，我們會拒絕有益的勸告和友好的幫助；由於驕傲，我們會失去評斷事物好壞的客觀標準。

每一個年輕人都在憧憬未來，嚮往進步，希望自己能做出一番事業。在這條充滿艱辛與挫折的路上，我們要掌握好通往成功道路的規律和方

法。新開國元帥陳毅曾經寫過這樣的名句：「歷覽歷史多少事，成由謙虛敗由奢。」「驕傲自滿必翻車。」這富有哲理的詩句告訴我們：成功與失敗和謙虛與驕傲緊密連繫著，謙虛好學，誠實做人，老實做事，不僅反映出一個人的修養水準，也是我們前進的基石，是獲得成功的關鍵條件，不要讓驕傲成為我們走向成功的絆腳石。

# 嚴以律己是一生的財富

在我們生活的世界上，誘惑人的東西實在太多，稍有不慎就會掉入欲望的陷阱，其實，就算是掉入陷阱也並不可怕，怕就怕有人在陷阱中仍然痴迷自己的欲望。

懂點醫學知識的人都知道，罌粟果作為一種藥物，具有緩解疼痛、鎮咳、催眠等療效。如在醫生的指導下，使用得當，能有效治療相關疾病。但如不加節制地濫用，則易成癮，成為人們聞之色變的毒品，嚴重損害人的身心健康。同樣，在生活中，如果你不對自己的某些行為進行節制，同樣會造成很大的危害。就以飲食和運動來講吧！人不吃飯不行，但如暴飲暴食，就會傷害腸胃，引發疾病。人們常說：「生命在於運動」，但如果運動量過大，也會損害身體。可見，凡事都要有個「度」，物極必反、過猶不及。先人們很早就意識到這一點，總結出很多富於人生哲理的諺語，如「美味不可多餐」、「得意不宜再往」、「爽口味多終作病，快心事過必為殃」等等，提醒著人們凡事都要適度，不要過度，不要走極端。

道理雖然簡單，但做起來未必容易，很多人遇事不知節制和自律，最終毀掉了自己的幸福。人本身就是一種「欲望動物」，克制欲望並非是一件容易的事。對一般動物而言，只得到它所需要的那一部分就可以了；而

人的欲望則大大超過了自己所需的那一部分。這些的欲望除「飲食男女」等自然屬性外，還有虛榮心、權欲、名利欲、占有欲等社會屬性，其中，以物質占有欲造成的危害最大。人類由於物欲膨脹，導致了太多的不幸，大到國家興亡，小到損害人際關係。具體到個人，就是為了追求物質上的享受，不惜採用殺人、搶劫、偷盜、詐騙等犯罪手段；有的人為了放縱情欲，就搞嫖妓、一夜情、援交、買春，這些做法不僅害了自己，也連累了家人；有的人為滿足自己「權力欲」的虛榮心，結黨營私，買官賣官，最終成為了階下囚；還有人篤信「人為財死，鳥為食亡」的準則，為達目的，不擇手段，或背信棄義出賣朋友，或鋌而走險滑向犯罪的深淵。

欲望是魔鬼，千百年來，不知道有多少人倒在了欲望的魔爪之下。古人很早就意識到了欲望對人生的傷害。道家認為「金玉滿堂，莫之能守」「知足不辱，知止不殆」，要求人們返璞歸真、清心寡欲；儒家認為「克己復禮而歸仁」，要求人們「懲忿窒欲」；佛家勸誡人們戒除貪婪、嗔怒、色慾。由此可見，放縱欲望是一件十分危險的事情，必須要加以節制。欲望固然是發展的動力。但是，任何事物發展到一定程度，必然會走向它的反面。在欲望面前，人必須有一種克制、節制、自律的精神。

楊震是東漢時期著名的教育家。他在擔任荊州刺史時，發現秀才王密是個人才，便舉薦王密為昌邑縣令。後來楊震改任東萊太守，路過昌邑時，王密對他照應得無微不至。到了晚上，王密悄悄來到楊震住處，見室內無人，便捧出黃金十斤送給楊震。楊震連忙擺手拒絕說：「以前因為我了解你，所以舉薦你；你這樣做就是你太不了解我了！」王密輕聲說：「現在是夜裡，沒人知道。」楊震正色道：「天知，地知，你知，我知，怎麼說沒人知道！」王密聽了，羞愧地退了出來。

古往今來，一切有成就的人，都有嚴格自律、深刻自省的精神。他們

嚴以修身，講究「慎獨」、「一日三省吾身」、「勿以惡小而為之，勿以善小而不為」等處世準則。他們所追求的是一種精神上的滿足──即道德的完善、人格的完美以及內心的平靜、充實和富足。正如哲學家阿圖爾·叔本華（Arthur Schopenhauer）所說：「大抵世人都置身體健康於不顧，努力費盡心機，終生追求功名利祿，把獲得他人的尊敬、仰慕當成幸福的因素，這是極度愚蠢的行為。因為，人的幸福主要在於心境的平和與滿足。」懂得這一道理的人內心往往是強大的，即使是生活在兵荒馬亂的年月裡，他們依然能保持高度自律。

許衡是元代傑出的政治家、教育家、天文學家、思想家，哲學家。一年夏天，許衡與很多人一起逃難。在經過河陽時，由於長途跋涉，加之天氣炎熱，所有人都感到飢渴難耐。這時，有人突然發現道路附近剛好有一棵大大的梨樹，梨樹上結滿了清甜的梨子。於是，大家都你爭我搶地爬上樹去摘梨來吃，唯獨許衡一人，端正坐於樹下不為所動。

眾人覺得奇怪，有人便問許衡：「你為何不去摘個梨來解解渴呢？」許衡回答說：「不是自己的梨，豈能亂摘！」問的人不禁笑了，說：「現在時局如此之亂，大家都各自逃難，眼前的這棵梨樹的主人早就不在這裡了，主人不在，你又何必介意？」許衡說；「梨樹失去了主人，難道我的心也沒有主人嗎？」許衡始終沒有摘梨。

混亂的局勢中，平日約束、規範眾人行為的制度在飢渴面前失去了效用。許衡因心中有「主」則能無動於衷。在許衡心目中的這個「主」就是自律。有了自律，才能在沒有紀律約束的情況下亦能牢牢掌握住自己。

從某種意義上講，幸福其實也來自每個人的節制和自律。人必須理性地看待物質欲望，加強節制和自律，嚴防被物欲引入歧途。要在物質欲望得到合理滿足的基礎上，擁有更高層次、更高境界的追求──透過加強

人格修養，完善道德，追求內在心靈的豐富和精神上的平靜、和諧和滿足。這樣，我們每個人才能擁有真正持久的幸福。

# 第 14 堂課

樂觀 —— 大方自信，勇於面對

# 用微笑面對生活

你用什麼樣的心情去對待自己的生活，生活就會以什麼樣的態度給你回報。你消極沉淪，生活就會暗淡無光，你積極向上，生活就會給你許多快樂。你用微笑去面對生活，同樣，生活也會對你微笑，在成長的路上，經常保持微笑，你就會收獲得更多。

微笑是世界上永不凋零的花朵；它不分四季，不分國界，只要有人的地方它就存在，越是積極樂觀的態度，越能綻放出快樂的微笑。有人說：「只要能活著就是一種幸福，就是勝利，就是一切。」這話不一定準確，如果人在生活中連最起碼的微笑都沒有，那他會幸福嗎？如果我們用微笑面對生活，生活也會用微笑回報你的。微笑像陽光，給大地帶來溫暖；微笑像雨露，滋潤著大地。微笑猶如擁有愛一樣的魔力，可以使飢寒交迫的人感到人世間的溫暖，可以使人走出絕境讓人重新看到生活的希望，可以使孤苦無依的人獲得心靈的慰藉，還可以使心靈枯萎的人感到情感的滋潤。俗話說：「笑一笑，十年少。」永遠微笑的人是快樂的，永遠微笑的臉孔是年輕的。歡樂喜悅，煩惱憂傷，都屬於每個人的私有財產。生命是美麗的，不是苦惱的；只是我們不懂生活，不是幸福太少，只是我們不懂掌握。

面對生活，不論是失意，還是挫折；不論是烏雲密布，還是困難重重，我們都應該選擇用微笑去面對。請記住一句話，微笑永遠是女人最美好的化妝品，是男人一封永恆的介紹信。所謂生活，可以簡單解釋為生命的活法。不同的人有不同的活法，因此，不同的人對生命也有不同的感悟，關鍵是看你如何來掌握生活，享受生命。我們要用一種樂觀的態度去面對生命，微笑著生活。

人生在世，痛苦、失敗和挫折在所難免，我們應以積極的態度對待生活，不管發生什麼，都要微笑去面對。微笑去面對失敗，在失敗中總結經驗教訓，你會變得堅強；微笑去面對痛苦，一切會煙消雲散，煩惱將不再糾纏。用微笑面對人生，就是享受人生，享受生活，快樂生活，健康生活。微笑著，去唱生活的歌謠，把塵封的心胸敞開，讓狹隘自私淡去；把自由的心靈放飛，讓豁達寬容回歸。

人生在世，要有個好心情，活出快樂，活出自我，微笑面對人生中紛繁世事。因為，人生美麗的時刻，不一定是擁有金山銀山、揮金如土的瞬間，而往往是心無罣礙的一絲微笑。會微笑的人，能夠坦然面對紛繁世事，能夠榮辱不驚地正視自己生存時空的尷尬與不幸。因為他們心平氣和、內心富有而時時面帶微笑。

微笑是最具吸引力的無言之美，是一個人的內在氣質與修養的反映；常常微笑，慈悲的心會成長，還能給別人帶來快樂。發自內心的微笑，能夠改善人的情緒、減輕壓力、增強人的免疫系統。微笑能給人自信，使人面對紛繁世事能寵辱不驚地正視自己生存時空的尷尬與不幸。心煩意亂時能撥開雲霧，使你心平氣和地走出頹廢的低谷，讓沉重的步履變得從容，讓憂鬱的心靈充滿陽光。微笑能給人力量，當你微笑著面對人生的時候，它會讓你戰勝困難的意志變得更頑強，讓你前行的腳步更堅定，讓你更有勇氣去面對人生的坎坷崎嶇。

不經意的微笑裡，其實還包含著人生的大智大慧，大徹大悟。時時面含微笑是萬金都不換的幸福。學會在生活中面帶微笑，這樣會使人天天情緒愉快，開朗積極。微笑是心靈的盛宴，是生命的樂土。微笑著的人生是至高追求。

微笑是一種超然的人生態度和處世之道，會微笑的人需要一份豁達，

更需要一份心智。在人生中，當自己疲憊不堪的時候，就給自己一曲悠揚的旋律，把自己生命中最美的心弦唱響；當自己的愛情遍體鱗傷的時候，請給自己一束鮮豔的花朵，讓自己的愛情之花綻放得更美麗；當自己的命運坎坷滿途的時候，請給自己一點精神營養的微笑，給自己的風雨人生一抹最美的彩虹。芸芸眾生裡，沒有誰會比永遠擁有一顆快樂之心的人更富有，當你把微笑給了世界的時候，世界也會把微笑給你，讓我們用心去微笑，享受人生，享受生活，享受快樂，讓自己的生命更有光彩、更具魅力、更有價值。

## ┃ 不要成為悲觀的奴隸 ┃

　　人生的實質就是一場苦旅，生活中太多煩心事讓人產生悲觀的情緒。悲觀容易，樂觀難。

　　人的一生中，悲觀的情緒籠罩著生命中的各個階段，戰勝悲觀情緒，用開朗、樂觀的情緒支配自己的生命，你就會發現原來生活別有一番情趣。征服自己的悲觀情緒便能征服世界上的一切困難之事。有人曾經說過這樣一句話：「要想征服世界，首先要征服自己的悲觀。」人生在世，不如意十之八九。如果一味地沉入不如意的憂愁中，只能使不如意變得更加不如意。「去留無意，閒看庭前花開花落；寵辱不驚，漫隨天際雲卷雲舒。」這是一種心境。既然悲觀於事無補，那我們何不換個角度，用樂觀的態度來對待人生、善待自己呢？

　　　　有兩個人，都住在山上。
　　　　那山挺荒涼，是禿的。
　　　　第一個挺悲觀，一邊嘆氣，一邊在山腳下為自己修著墳墓。

第二個挺樂觀，樂呵呵的，在山坡上種了好多綠色的樹苗。

歲月悠悠。轉眼過了四十年。

第一個人果然老了，就淚汪汪地打開墳塋的門，走了進去，再也沒有出來。

第二個人卻精神抖擻，在碧樹下採摘著金色的豐收。

又過了許多年，第一個人的墳塋前長滿了衰草，野狼出沒。

那座花果山前卻花長開，樹長青，滿山閃耀著生命的輝煌。

原來，悲觀與樂觀都是種子。

都能長出情節。

只不過，前者結的果叫無奈。

後者結的果叫甘甜。

人活在這個世界上，不管是陽光、花草、還是自己周圍的人或事物，大家和平相處，互相共進退，這個世界還有什麼不是美好的呢？當自己遇到困難挫折，只要不往死裡鑽牛角尖，再大的問題都是會解決的，悲嘆是沒用的了。保持一種樂觀的心態，如果一種方法行不通，那麼換一種方式，換一個心情，說不定會在另一局面上能讓你有更大的驚喜，更大的成功。

樂觀的人處處可見「青草池邊處處花，百鳥枝頭唱春山」；悲觀的人時時感到「黃梅時節家家雨」，「風過芭蕉雨滴殘」。一個心態正常的人可在茫茫的夜空中讀出星光燦爛，增強自己對生活的自信；一個心態不正常的人讓黑暗埋葬了自己且越葬越深。因此，無論何時何地身處何境，都要用樂觀的態度微笑著對待生活，微笑是樂觀擊敗悲觀的有力武器。微笑著，生命才能將不利於自己的局面一點點打開。微笑代表著樂觀，以一顆樂觀的心去迎接命運的挑戰，將會產生意想不到的效果。

海倫·凱勒（Helen Adams Keller）是享譽世界的作家和演說家。她的事蹟被許多人寫成書在世界各地傳播，部分作品還被改編成了戲劇和電影。他曾應邀出國並受到外國大學和國王授予的榮譽。1932 年，她還成為英國皇家國立盲人學院的副校長。

然而，就是這樣一個滿身榮譽的人，確是一位又聾又啞的殘疾人。他的不幸是從幼年的一次高燒開始的。那次發高燒差點使年幼的海倫·凱勒喪命。她雖倖免於難，但發燒給她留下了後遺症。她再也看不見、聽不見。因為聽不見，她想講話也變得很困難。

高燒將她與外界隔開，使她失去了視力和聲音。她彷彿置身在黑暗的牢籠中無法擺脫。萬幸的是海倫並不是個輕易認輸的人。不久她就開始利用其他的感官來感受這個世界了。她跟著母親，拉著母親的衣角，形影不離。她去觸摸，去嗅各種她碰到的物品。她模仿別人的動作且很快就能自己做一些事情，例如擠牛奶或揉面。她甚至學會靠摸別人的臉或衣服來識別對方。她還能靠聞不同的植物和觸摸地面來辨別自己在花園的位置。

七歲的時候她發明了 60 多種不同的手勢，靠此得以和家裡人交流。比如她若想要麵包，就會做出切麵包和塗奶油的動作。想要霜淇淋時她會用手裹住自己裝出發抖的樣子。海倫在這方面非比一般，她絕頂的聰明又相當敏感。透過努力她對這個陌生且迷惑的世界有了一些知識。在快到她七歲生日時，家裡便雇了一名家庭教師教授海倫。這樣海倫變得溫和了而且很快學會了用布萊葉盲文朗讀和寫作。靠用手指接觸說話人的嘴唇去感受運動和震動，她又學會了觸唇意識。這種方法被稱作泰德馬，是一種很少有人掌握的技能。她也學會了講話，這對失聰的人來說是個巨大的成就。

海倫證明了自己是個出色的學者，1904 年她以優異的成績從拉德克利夫學院畢業。她有驚人的注意力和記憶力，同時她還具有不達目的誓不甘休

的毅力。上大學時她就寫了《我生活的故事》（*The Story of My Life*）。這使她取得了巨大的成功從而有能力為自己購買一間房子。1968 年她去世後，一個以她的名字命名的組織建立起來，該組織旨在與開發家存在的失明缺陷做鬥爭。如今這所機構已成為向所有的盲人提供幫助的最大組織之一。

海倫在命運與挫折面前沒有消極沉默，而是樂觀地面對，最終實現在別人看來不可能實現的夢想。保持樂觀的心情並非每個人都能做到，悲觀在尋常的日子裡隨處可以找到，而樂觀則需要努力、智慧，才能使自己保持一種人生處處充滿生機的心境。悲觀使人生的路越走越窄，樂觀使人生的路越走越寬。樂觀其實是一種機智，是用堅忍不拔的毅力支撐起來的一種風景。

有一個年輕的畫家，他身無分文，卻走進了一家豪華高檔的大餐廳，點菜吃了好多生蠔，希望在蠔殼中發現一粒珍珠來付帳。或許你會覺得好笑，但是我們也不得不承認，能有此等襟懷灑脫過日子的人，其生活必定更加快樂、更加充實，因為這種人不知道什麼叫「憂愁」。

有一位智者說過：「生性樂觀的人，懂得在逆境中找到光明；生性悲觀的人，卻常因愚蠢的嘆氣，而把光明給吹熄了。當你懂得生活的樂趣，就能享受生命帶來的喜悅。」他還告訴我們，「煩惱重的人，芝麻大的小事都會困住他；想解脫的人，天大的事情都束縛不了他。」

人性的樂觀和悲觀，其實主要還是自己的心態問題。就好像兩種性格的人走進同一片森林，悲觀的人可能會說這裡蚊子太多，吵哄哄的，影響了他欣賞花草的雅興；而樂觀的人可能會說這裡除了美麗的花草，還有蚊子在唱歌，真是太美妙了。如果兩個人再走出這森林，悲觀的人可能又會說無聊、煩悶和壓抑之類的話了；而樂觀的人就會覺得四周一片明亮，自己的內心世界豁然開朗。所以在同一環境下的兩種不同心態的人，他們對事物的看法是不同的。

# ∥好心情就是大健康∥

　　擁有了快樂的心情，就擁有了快樂，靠近快樂，你就離快樂近一些。善於發現身邊事情的細節並加以細品，不要輕易忘記快樂帶來的愉悅心情，忘記的只有和不快樂的告別，要善於發現快樂，尋找快樂的理由。

　　閒時，聽一聽音樂，舒緩的音樂可以放鬆心情，閱讀一本經典書籍，上街購物，挑件時尚的衣服，或許還可以換一個新的髮型，去爬山觀景，去做戶外運動。總之，讓閒暇的時間豐富多彩起來，都會使心情改變許多，心情的調整，將會使你和沉鬱分開，你就擁有快樂的心情。經常地告訴自己，一定要快樂起來，心理的暗示，會讓你排除雜念，不要愁眉不展，那樣看上去萎靡不振，要相信快樂會傳染。一個人的快樂，兩個人分擔，就變成兩個人的快樂。當你正在快樂之中，煩惱和不順心的事突然襲來，心情瞬間就由快樂變為憂愁，神情黯淡無光，彷彿什麼事都和你作對，看事情也陷入混亂中，滿腦子理不清的頭緒，讓你變得心情更壞，這一刻，世界好像不再那麼美好。在這樣的時刻，要盡快想方設法讓心情好起來，梳理好造成這種壞心情的原因，不讓壞心情繼續蔓延，如果你正處在這種心態下或常因一些小事而感到焦慮不安，那你就要想辦法去調適自己的心情。

　　學會調適自己的心情，讓快樂的心情常伴左右，用歡快的心情去迎接每天升起的太陽，讓溫暖在心裡發芽，讓冷漠遠離自己。快樂會使人精神煥發，使人朝氣蓬勃；快樂如一幅山水畫，越描越美；快樂多了，人的心情也會因快樂而美麗起來。創造一個好心情，使自己快樂起來，讓快樂來主導我們的生活，把快樂人生當成自己最幸福的事業去追求，這才是快樂的最高境界。

　　有一位 MBA 留學生，在紐約華爾街附近的一間餐館打工。一天，他雄心勃勃地對著餐館大廚說：「你等著看吧，我總有一天會打進華爾街的。」大廚好奇地問道：「年輕人，你畢業後有什麼打算呢？」

　　「MBA」很流利地回答：「我希望學業一完成，最好馬上進入一流的跨國企業工作，不但收入豐厚，而且前途無量。」

　　大廚搖搖頭：「我不是問你的前途，我是問你將來的工作興趣和人生興趣。」

　　「MBA」一時無語。

　　顯然他不懂大廚的意思。

　　大廚卻長嘆道：「如果經濟繼續低迷下去，餐館不景氣，那我就只好去做銀行家了。」

　　「MBA」驚得目瞪口呆，幾乎疑心自己的耳朵出了毛病，眼前這個一身油煙味的廚子，怎麼會跟銀行家沾得上邊呢？

　　大廚對呆鵝般的「MBA」解釋：「我以前就在華爾街的一家銀行上班，天天披星戴月，早出晚歸，沒有半點自己的生活。我一直都很喜歡烹飪，家人朋友也都很讚賞我的廚藝，每次看到他們津津有味地品嘗我燒的菜，我就高興得心花怒放。有一天，我在辦公大樓裡忙到凌晨一點鐘才結束了例行公務，當我啃著令人生厭的漢堡充飢時，我下定決心要辭職，擺脫這種機器般的刻板工作生活，選擇我熱愛的烹飪為職業，現在我生活得比以前要快樂百倍。」

　　這樣的事例，是不可思議的。因為，在選擇職業時，第一看體面，第二看收入，兩者兼得，就足以在人前人後風光炫耀了。成敗榮辱，全都擺

在面子上，而面子是要人捧的，無人喝采，就如同錦衣夜行般無趣。可對於西方人來說，無論從事任何職業都沒有高低貴賤之分，他們更注重的是對事業的興趣以及從事這份職業的心情快樂與否，而不是透過與別人比較來證實自己的實力，更不需要別人肯定來滿足。

懂得生活的人都是快樂的製造者。一位主持人說得好：「就像庸人自擾一樣，快樂都是自找的」。也許就是這樣吧，生活中的一點一滴的快樂都是我們自己經營的。人生在世，誰都無法避免煩惱與失落，只是聰明的人學會了改變方法看問題，就如半杯水。杯子裡的半杯水，有人會說：「唉，只剩半杯水了，可惜」。也有人會說：「太好了，居然還有半杯」。又如花有刺。那對雙胞胎姐妹，一個說：「多糟糕，花下有刺」：而另一個卻說：「真好，刺上面還有花。」同樣的半杯水，同樣的花與刺，態度卻截然不同：沮喪與快樂。既然事實是既定的，我們當然可以選擇一種輕鬆快樂的態度去面對它。人不能故意找一處有陰影的地方去埋怨陽光；不能因為沙灘上的腳印的消失而指責潮水；不能因為心底的憂傷而拒絕快樂的造訪。快樂也是有脾氣的，你不用心經營，認真呵護，它也會棄你而去。既然煩惱是生活中必須經歷的過程，那麼就讓我們在這個憂鬱的過程中「苦中尋樂」，一點一滴地收集快樂，總有一天，你會發現快樂已經超出煩惱很多。快樂無需成本，關鍵在你是否去尋找，能否接納它。快樂也是自找的，如果有一天你發現尋找快樂已經累積成一種習慣，那麼你已經懂得如何生活了。

# 第 15 堂課

坦然 —— 遇事不驚，泰然處之

# ‖ 潔身自好，坦然做人 ‖

　　在物欲橫流的社會、在人心善變的世界，一個人要經得起金錢、美色、權力等各個方面的誘惑十分不易，因為人都有七情六慾，有七情六慾就必然有軟肋，有軟肋就有弱點，有弱點就可能被人利用。如果不能潔身自好，就有可能惹禍上身。誘惑實在太多，而且防不勝防，如果意志不夠堅強，就只能是隨波逐流了。人只要一鑽到錢眼裡去，就會被金錢擋住眼睛而迷失做人的方向，什麼道德，法律都可以拋棄不要；掉到誘惑的陷阱裡，只能是越陷越深而不能自拔。迷戀權勢必生野心，野心一大就可能採用非法手段。總之，這些結果都會使人迷失做人的方向，有的還可能走向極端。

　　在自然界，蓮花是高潔的代名詞。「予獨愛蓮之出淤泥而不染，濯清漣而不妖，中通外直，不蔓不枝，香遠益清，亭亭淨植，可遠觀而不可褻玩焉。」周敦頤的《愛蓮說》把他對蓮花的喜愛烘托到了極致。蓮花出汙泥而不染的素養是世人所公認的。為什麼蓮可以做到，素養使然。蓮花素養的核心部分就是不染，其含義為有錚錚傲骨，不屈服惡人，不同流合汙，寧窮斷骨頭，也不向惡人低頭的意思。

　　潔身，就是要乾淨做人，乾淨做事，不自汙，不自辱。自好，保持個人良好的本色和素養，不趨炎附勢，不違心做人做事。古代的聖賢中，許多人都以實際行動踐行著這一思想。諸如此類的格言雋語更是比比皆是。「窮則獨善其身，達則兼濟天下；和而不同；己所不欲，勿施予人；君子慎獨；貧賤不能移，威武不能屈，富貴不能淫」等等；許多高人不滿世事的汙濁而寧可歸隱，也不願同流於市，「世人皆醉我獨醒，世事皆濁我獨清」的屈原，寧投江也不屈，又如陶淵明也是如此，詩仙李白寧可流落市井窮鄉也不肯與奸臣同朝。他們都表現出尚潔的氣質和人生追求。

現代社會是個開放與溝通的社會，人們不再需要古人那樣「慎獨」，只要我們善交友，謹慎交友，遠離那些不正當的朋友，少些應酬，多些學習和思考就行了。只要有堅定地信念和嚴於自律的意識，就能拒絕社會上的不良誘惑。潔身自好，就是人們通常所說的送禮不要，請客不到，無原則的交易堅決不搞；能夠做到這一點的人就能多些安逸自在，少一些提心吊膽！潔身自好，遠離是非；謹慎交友，安逸自在。

生活中，我們應該學會用坦然去面對一切。余秋雨曾經說過；「坦然是一種以後的樂觀，坦然是沮喪時的一種調適，坦然是平淡中的自信，更是心喜之際的鎮定。」許多得失成敗，是非因果，我們不可預料，無法估量，很多時候很多事，我們只需努力去做，認真去做，求得一份付出之後的坦然與快樂。面對生活，最佳心態是坦然。失意的時候應該學會坦然，有些事即便我們很努力的去做，很認真地付出，也可能沒有結果，而坦然則會使我們不去計較那個結果，人生是一個過程，任何人的人生終點都是死亡，而不一樣是過程，正如鮮花，有花開就必定會有花落，但並不是所有的花謝都會收穫果實。可是，每一朵花都是美麗，散發的都是芳香。

得意的時候更應學會坦然。過度的得意便會產生驕傲，不要為了一朵美麗的花停留太久，也不要因為一次小小的成功而滿足，要學會平和的接受，坦然的面對，勝不驕，敗不餒，驕傲會迷失雙眼，喪失清醒的頭腦，擾亂理智。而坦然的面對，既不滿足於昨日的成功，也不停止明日前進的步伐，這樣的心態才會使我們進步更大，收穫更多，這樣的心態才會使我們有豐盈的過去，充實的現在，美好的未來。

作家費奧多爾·費奧多爾·索洛古布（Fyodor Sologub）去拜訪俄國的作家列夫·托爾斯泰。他說：「您真幸福，您所愛的一切您都有了。」托爾斯泰說：「不，我並不具有我所愛的一切，只是我所擁有的一切我都

愛。」人人都渴望「有我所愛」，殊不知，「愛我所愛，珍惜擁有」才是最大的幸福。托爾斯泰的「愛我所有、有我所愛」觀念，源於對事物的看法，對生活的態度。幸福是一種心靈感受，面對生活，不去計較得失，不在乎成敗，泰然處之。生命給了什麼，我就享受什麼。平和的接受，坦然的面對，也是幸福的開始。羅賓德拉納特·泰戈爾（Rabindranath Tagore）說：「天空不曾留下鳥的痕跡，但我已飛過。」說的就是不求結果的付出，做自己該做的事，承擔自己應該承擔的責任，求得一份付出後的坦然。同時，也以坦然的心態去面對生活，相信我們的人生會更加美好。因為，有一種美好的心態叫坦然。

## ∥ 面對挫折，處變不驚 ∥

　　林肯是美國最偉大的總統之一。然而這位總統的偉大卻是從種種不幸、失敗中成就出來的。如果不是因為具有那種面對苦難，堅強以對的精神，林肯也就不會在經歷了如此多的打擊和挫折後，最終進駐白宮。

　　有人曾為林肯做過統計，說他一生只成功過 3 次，但失敗過 35 次，不過第 3 次成功使他當上了美國總統。事實也的確如此。而最終使他得到命運的第三次垂青，或者說爭取到第三次成功的，完全是他的堅強。在他競選參議員落選的時候，他就說過：「此路艱辛而泥濘，我一隻腳滑了一下，另一隻腳因而站不穩。但我緩口氣，告訴自己，這不過是滑一跤，並不是死去而爬不起來。」林肯在困難和挫折面前，展現出了優秀的個人素養和人格魅力，正是這些素養使他戰勝了自己遭遇的種種挫折與不幸，而只有面對任何困難都堅強如林肯的人，才能像林肯那樣，在跌倒無數次後，還能站起來走向成功。失敗是軟弱者的千溝萬壑、崇山峻嶺，但對於

堅強的人來說，它不過是大路上的一個土坑，青山中的一條小溪，跨過去就是大道通天，柳暗花明。

霍尼茲決恩從 1960 年代開始服務於 CKN 公司。這是一家世界最大的鋼鐵企業。可是他一進入這家公司時，發現這一公司的管理遠不如他當初的設想。因為公司實際上完全沒有形成整體，管理混亂。1970 年代，經濟危機，在危難之時，他被任命為常務經理，面對即將崩潰的公司，樂觀的他沒有退縮，而是大膽地為公司做了幾項決策。使公司順利地度過了難關。經濟危機過後，在霍尼茲決恩的建議下 CKN 公司進軍軍用飛機市場，並生產出十分暢銷的產品。這些使霍尼茲決恩一躍成為公司的董事長。樂觀的他把公司的下一個目標定為將公司轉化為高效率的國際性集團公司。可是在他上任的第四個月裡，英國出現了工業衰退的先兆，鋼鐵工業陷入了前所未有的困境。霍尼慈決思並沒有為此退縮，而是做出果斷的決定，改變公司的生產結構。他賣掉了公司在澳洲的鋼鐵業的股權和英國傳統的機械公司，同時進行大裁員。當英國的工業衰退果真來到時，CKN公司安然無恙。在霍尼茲決恩的帶領下，經過六年多的奮鬥，公司再一次從低谷中崛起，盈利達 1.33 億英鎊，霍尼茲決恩終於能夠自豪地面對股東們說：「CKN 公司在開發複雜的新型機械產品和應用最新技術方面成為世界的帶路人。」

發明家湯瑪斯‧愛迪生（Thomas Edison）在這研發鹼性蓄電池時，困難很大，他的鑽研精神，更是十分驚人。這種蓄電池是用來供給原動力的。他和一個精選的助手苦心孤詣地研究了近十年的時間，經歷了許許多多的艱辛與失敗，一會兒他以為走到目的地了，但一會兒又知道錯了。但愛迪生從來沒有動搖過，而再重新開始。大約經過五萬次的試驗，寫成試驗筆記 150 多本，方才達到目的。

# 與其困惑，不如坦然

在這個世界上，不可能有絕對的公平，也不可能每個人都成為富翁。如果很不幸，你正在遭受著自身無法抗拒的不公，或者自己也是窮人中的一員，那也不要氣餒，因為這個世界總是相對的，當你失去一些東西的同時，你也得到了別的東西。一個人只要耐得貧困和寂寞，總能找到一塊屬於自己的靈魂家園，認清貧困和寂寞乃是人生的一種常態現象，即使在困惑中也能生出一些坦然來。」

人生之初，憂患就伴隨而來。我們始終不能確定自己是怎麼回事，也不明白以後會變成什麼樣子。我們需要什麼，又究竟可以得到什麼。「飽食終日，無所用心，難矣哉」。看來孔子早已十分清楚飽食終日並不會讓我們完全快樂。困惑是個永遠的話題，就像什麼是幸福永遠也無法說清一樣。

人到世上，本無目的，活著不應該成為問題。困惑的原因是因為人辭別了獸界，卻無法進入神界；他不甘於純粹的生存，卻無法達到完美的存在。人既然活著，就要有意義。為生命加上意義，困惑便隨之而來，人是注定要與困惑相伴一生的。

蕭伯納說：「人生有兩大悲劇，一是他不能得到他想要的東西，二是他得到了他想要的東西。的確，未得滿足的痛苦和已得到滿足的無聊，使得困惑與我們如影隨形。」這話的立足點在於人的占有欲。困惑皆因欲而生。「意有所欲，猶容器之口未塞，空空然而求其滿。」在遙遠的過去，惡劣的自然環境和極度的物質匱乏，吃飽穿暖成為人類最大的目標。食慾源於對活著的渴求和執著。問題在於，肉體的欲望往往有限，吃飽後，人就有了更多的欲望。超越溫飽之上的欲望叫奢侈，人因為奢侈會變得貪

婪，慾壑難填，滿足感永遠顯得單薄而短暫；可是，沒有欲望的人生更讓人困惑。沒有了欲望的衝動，富足與貧困、幸福與痛苦不再有任何分別；昨天和今天、過去和將來，日子如同一杯白開水。孤獨與靜寂比死刑還難以讓人承受。愛情，婚姻，家庭，工作，友誼，一切的社會生活只有積極參與，才能樂在其中。把活著的每一天都變成積極的體驗，坦然才有可能成為一種實實在在的內容。

其實，人生就是一個困惑與坦然不斷鬥爭與激勵的過程，困惑與坦然早已埋下衝突的種子。困惑用它的意志激勵起我們對生活的熱情，但又不願完全同我們的性情達成妥協；一切的快樂都源於我們對生命的欲望，而欲望難免帶來痛苦，解決這個悖論的最有效方法只能存在於爭取幸福和承受困惑的過程之中，其中有鬥爭就是我們的苦惱，但只要有希望，幸福就有可能實現。把所有的困惑和苦惱明白無誤地列出來，然後努力一一消除它，既不可能，也做不到。既然困惑和坦然相伴而生，那麼，智者的人生也許會是這樣：承認困惑的真實性，並努力理解它的種種可能，以便找到一個恰當的角度來審視它的全部意義。事實上，沒有困惑經歷的靈魂是渺小的，好比沒有悲苦的人生是很卑微的一樣，把困惑當成收穫是一種智慧。困惑讓你苦惱，苦惱讓你思考，思考讓你快樂，而快樂會讓你長壽的。如此一來，困惑中也就有了些許的坦然。

我們已經走過的路是幸福的，然而幸福的人生中終究含有一些困惑的，或許是因為別人的一個眼光，或許是自己的心態。那些幸福來自於自己的朦朧，其實人生中很多幸福只能夠偷偷地去回憶。在面對困惑時，每個人的感受不同。但如果你有坦然的心態，那麼幸福和快樂就屬於你，只要你坦然，嚮往的星辰就不會殞落，追求的腳步就不會停頓，善良就不會汙染，眷戀就不會褪色；只要你坦然，縱有千難萬險，也能臨機處置，縱

使事與願違，也不一蹶不振；只有你坦然，良心的天秤將永保平衡，懺悔的淚水將失去源頭，卑鄙的伎倆將沒有產床，嫉妒的邪火將無法燃燒。

# 第 16 堂課

吃虧 ── 懂得吃虧，獲得幸福

# ∥巧用「退」的智慧∥

　　一些事情爭或不爭並不會對我們的生活造成多大影響，這時我們不妨大度一些，退讓一些；很多時候，與朋友或同事發生的一些大的矛盾或分歧在最初時也許只是小小的意見不合，而人們為了所謂的「面子」都不願意退讓，怕從此被人看低，最終把小小的不合演變成了不可收拾的爭端，兩敗俱傷。如果當初懂得讓步，就能夠避免之後的若干麻煩。正所謂「忍一時風平浪靜，退一步海闊天空」。

　　清朝康熙年間，文華殿大學士兼禮部尚書張英一天突然接到老家書信。折開一看，原來是遠在千里之外的家人與鄰居發生爭執，起因是隔開兩家院子的牆塌了，重新砌牆時都想多占些地皮而寸土不讓。家人於是寫信來請他出面說話，以便讓鄰居退縮。不久，官員的家人收到了盼望已久的回信，裡面卻只有一首打油詩；千里捎書只為牆，讓他三尺又何妨。萬里長城今尚在，不見當年秦始皇。家人於是明白了其中的道理，主動往後退三尺，鄰居一見也不甘落後，也往後退三尺，於是中間出現了一條六尺寬的胡同，供村民行走。村民後來將胡同命為「六尺巷」。

　　可見，有的時候「退」更能引起別人的尊重。要想贏得別人的尊重，首先要尊重別人。生活當中，退並不意味著示弱，而恰恰是一種人生境界的表現。

　　曾有一個婦人，經常為生活中一些瑣碎的小事情生氣。她也知道自己這樣不好，卻總也打不開這個心結，便去求一位高僧為自己談禪說道，解開心結。高僧聽了他的講述，一言不發地把她帶到一間禪房中。鎖上門就走了。婦人氣得大罵。罵了許久，高僧也不理會。婦人又開始哀求，高僧仍置之不理。婦人終於沉默了。這時高僧在門外問她；「你還生氣嗎？」

婦人說；「我在對自己生氣，我怎麼會到這地方來受這份罪？」「連自己都不原諒的人怎麼能心如止水？」高僧佛袖而去。過了一會而高僧又來問她；「還生氣嗎？」「不生氣了」婦人說。「為什麼」「氣也沒有辦法呀。」「你的氣並未消，還壓在心裡，爆發後將會更加劇烈。」高僧又離開了。高僧第三次來到門前，婦人告訴他；「我不生氣了，因為不值得氣。」「既然衡量值不值得，可見心中還是有氣。」高僧笑道。當高僧的身影迎著夕陽立在門外時，婦人問高僧；「大師，什麼是氣？」高僧將手中的茶水傾灑於地，婦人視之良久，頓悟，叩謝而去。

　　大部分時候，與別人賭氣、與別人爭執，最終傷害的還是我們自己。即使在爭端中自己占了上風，而最終又能得到什麼呢？恐怕最多的還是在爭執中浪費的精力、腦力、體力帶來的傷害，如果能退一步，我們將收穫一份心靈的寧靜，以及別人對我們的尊敬。做個生氣的記錄本，記錄下你每次與人發生爭執和生氣的時間、原因，過一段時間重新翻看一遍，或許你會發現大部分理由都是微不足道甚至無聊可笑的。以後再遇到類似的情況，你也就不會像炮仗一樣，一點就著了。那麼，在我們的人生不是一帆風順的時候，在我們的人生出現一些挫折的時候，在我們的面前不都是鮮花的時候，我們該怎麼辦？這時候，不妨後退一步，你會發現海闊天空，人生照樣美好，天空依然晴朗，世界仍是那麼美麗。

　　一些事情爭或不爭並不會對我們的生活甚至整個人生有什麼影響，這時我們不妨大度一些，退讓一些。

　　「百年修得同船渡，千年修得共枕眠。」世界之大，男男女女不計其數，可每個人這一生卻只能選一個他（她），足見兩人能走到一起是多麼的不易，也許有些婚姻中不幸的人會這麼慨嘆「世事真是難料，我愛的人與我無緣，愛我的人我又不愛，與我結婚的偏偏既不是愛我的也不是我愛

的。」其實，世間像「梁祝」那樣的愛情能有多少呢？大多數夫妻還都是過很平淡的日子，既然走到了一起，那就牽著對方的手，快快樂樂的相伴一生吧！生活像一團麻，總會遇上些解不開的「小疙瘩」。兩口子整天在一個鍋裡攪稀稠，總有「碰撞」之時，即使產生摩擦是很自然的。所以，就需要你懂得退的智慧去處理摩擦，氣大了會傷肝，於人於己都不利，如果你是受氣方，請你讓著點，避過對方的鋒芒，等對方氣過之後，過上幾天，在其心情好時，你再找機會跟對方談比較合適！

　　總之，人難做，做人難，遇上事，別怕煩，用智慧，解簡單。凡事，退一步海闊天空，活得灑脫點，切記一定要珍重自己！

## ▎不要貪圖眼前的利益 ▎

　　現實生活中，如果說人們怕吃虧是被動的，那喜歡占小便宜就是主動的行為。占小便宜，關鍵字不是「占」而是「小」，只占「小」便宜。一個人愛占「小」便宜，就表示這個人不貪，貪心的人只想著占大便宜。有些人覺得愛占「小」便宜，沒有太大貪心，很守本分，為了過日子，占一點小便宜，沒什麼可恥的。而且對許多人來說，占小便宜也只是手段，不是目的。他們之所以這樣做，是在試探對方。和別人做生意也好，交朋友也好，首先要了解對方，看對方是不是值得打交道的人。有些人比較在乎捨不捨得，換句話說，他們不會盲目地為一個人去拚命，而會考慮值不值得，要判斷值不值得，就要看對方舍不捨得，你捨得我就認為值得，你不捨得我就認為不值得。這就是那些愛占小便宜的人的本意。

　　在人際社交的時候，首先要看對方的度量大不大，沒有人願意跟一個小肚雞腸的人做朋友。看對方捨不捨得，捨到什麼程度，可以判斷你在對

方心目中是何分量。如果對方連雞毛蒜皮的事都要和你計較，那他也就沒把你放在心上。《戰國策》中有這樣一個故事：馮諼投靠到孟嘗君門下，整天無所事事，卻嚷著要錦衣玉食、寶馬香車。其實，並不是馮諼看孟嘗君好說話，想多從他那裡撈點好處。馮諼一直在考驗孟嘗君，看他是不是值得效忠之人。所幸孟嘗君透過了考驗，後來，「孟嘗君為相數十年，無纖介之禍者，馮諼之計也」。

相比之下，趙國的平原君就沒有孟嘗君那麼聰明了。當時，秦國派大將白起攻打韓國，占領了韓國的一塊土地野王。在野王鄰近有另一塊土地上黨，其官員看到野王輕易地就被秦軍攻下，怕上黨也守不住，就寫信給趙國，表示願意歸順，希望得到趙國的庇護。結果平原君認為，不費一兵一卒，就可以得到上黨這塊「肥肉」，為什麼不要呢？雖然有人反對說：「就是因為不花力氣得到好處，輕易要了，恐怕會招來大禍。」但是，趙王和平原君卻不聽，把上黨劃為自己的領地。秦國知道後，認為趙國存心和自己作對，就命令白起率大軍去攻打趙國。結果趙國的四十萬大軍全部被秦軍殲滅，國都邯鄲也被圍困，險些被滅國。所以，生活中與人打交道時，首先要明白一定不能超出必要的範圍。有些人喜歡占小便宜，但是也明白「禮下於人，必有所求」的道理，因此想要人幫忙，只要施以小恩小惠即可。

生活就是這樣，不想占便宜的人，生活也不會讓他吃虧！當我們還在對別人惦記叨著「占小便宜吃大虧」的時候，當我們還在嘲笑別人占小便宜的時候。我們有沒有想過，自己也是如此。當誘人的金錢，權利向你迎面而來時，如果你稍有不慎就掉進了生活的陷阱。唐代詩人柳宗元在詩中說過：「廉不貪，直不倚。」如果自己堅守目標，放寬眼界，就不會為眼前利益所動，自己切身做到不占小便宜，用自己的實力去拚出一個屬於自己的世界！

　　愛貪小便宜的人在專業知識上也許有過人之處，品德也未必一定敗壞。但這種人在強調團隊與合作精神的今天是不會受歡迎的。太小氣、愛占便宜的人一般都沒有什麼朋友，因為跟這樣的人相處，總覺得他在占自己的便宜。而那些大方的人，常常目光遠大，懂得「有捨才有得」的道理，比如：我們到街上買菜，經常可以遇到菜販主動扣零頭尾數，不用你說，菜販自己就扣掉了，菜販傻嗎？不，他是覺得即使扣掉零頭，自己也有錢賺，才主動提出扣零頭的，這樣做的原因有兩個可能：第一種可能是菜販希望你能成為他的長期客戶，和你建立起長期的供求關係；二是菜販在秤裡使了詐，希望你在高興之餘忽視了他的伎倆。對於後一種情況，我們當然要和他斤斤計較，但是從菜販「扣零頭」的角度來看，他們都知道稍微大方一些更容易達到自己的目的。

　　所以，我們要提醒自己：不要做一個好貪小便宜的人。有句古話，叫「貪小便宜吃大虧」，好貪小便宜的人，看到的只是眼前最近地方的利益，只是一棵觸手可得的樹而已，他們沒有看到不遠處那一片原本可以屬於自己的大森林。在人脈關係上，因為利益關係，他會自覺不自覺地把自己孤立起來，使自己的路越走越窄。當然，我們也不贊成不顧及個人能力的「大方」，尤其在自己的合法權益受到侵害的時候，保護個人的合法權益不受侵害是每個公民的權利。

　　要使自己的人脈更加廣泛，還有一個需要注意的問題，就是和斤斤計較、愛貪小便宜的人如何交往。我們自己不是那樣的人，但這並不能保證你在社會交往的過程中不和那樣的人打交道。這樣的人，如果要加入我們的人脈之中的話，他們應該屬於一般朋友而非重要朋友，甚至我們可以單列出一類：需要特別謹慎對待的朋友。因為他們時時刻刻有可能因為利益關係拋開你。你需要經常關心他們當前的狀態，有些人在經歷了一系列的

碰壁之後，發現他們真誠可靠，你就可以把他加入你的優質人脈資源裡，而有的人會在偏離方向的道路上越走越遠，最好的解決手段是忽略他在你的人脈資源庫中的作用。大方而不追求奢華，認真而不計較小利，以他人幫助我們的心去幫助他人，樂於把有限的資源和大家共用，你才會擁有一棵根深葉茂的人脈之樹。

# ‖ 把目光放長遠一點 ‖

　　世界上所有成大事的人，都不會把目光只投向眼前的一寸土地，沒有遠見的人看到的是眼前摸得著、看得見的東西。相反，有遠見的人心中裝著整個世界。一個人如果想成大事，就必須確定人生的遠見。對於剛剛開始創業的人來說，沒有什麼比成功更令人嚮往的了。但是，怎樣才能成功，尤其是在現代社會，人與人的關係、行業與行業的關係、企業與企業的關係都比從前要複雜許多，成功就更需要勇氣和方法。

　　美國作家唐‧多曼在所著《事業》一書中說：「把眼光放長遠」是踏上成功之路的一條祕訣。」年輕人要想成大事，不能沒有遠見，必須把目光盯在遠處，要確定自己人生的方向，用遠大志向激發自己，並咬緊牙關、握緊拳頭，頑強地朝著自己的人生目標走下去。

　　沒有這種品性的人，是絕對不可能成大事的，甚至連小事都做不成。成大事者是具有遠見的人，因為只有把目光盯在遠處，才能有大志向、大決心和大行動。美國作家喬治‧巴納（George Barna）說：「遠見是心中浮現的、將來的事物可能或者應該是什麼樣子的圖畫。」華特‧迪士尼（Walt Disney）就是一個人極具遠見的成功人士。他想像出一個這樣的地方：那裡想像力比一切都重要，孩子們歡天喜地，全家人可以一起在新

世界探險，小說中的人和故事在生活中出現，觸摸的到。後來，這個遠見成為事實。他首先在美國加州建立迪士尼樂園，後來又擴展到美國的其他州，再後來，日本、法國、香港等國家和地區的迪士尼樂園也紛紛建立，華特‧迪士尼的夢想已經散布到世界的每一個角落，並且成為一種成功的模式。

　　遠見跟一個人的職業無關，他可以是個貨車司機、銀行家、大學校長、職員、農夫。世界上最窮的人並非是身無分文者，而是沒有遠見的人。但是，遠見就跟正確的思維方式一樣，不是天生的，誰都不會生下來就具備看到機會和光明的未來的能力，這種能力更多地還是後天歷練的結果。

　　遠見是一種可以培養出來的本領，這種本領也可能被壓抑，但如果你不想辦法盡快叫醒他，或是被眼前的利益蒙住了眼睛，等到事後才看出來，機遇可能已離我們遠去了。正如古人所言，用爭奪的方法，你永遠得不到滿足；但是如果用讓步的方法，你可以得到比企盼更多的東西。這就是「吃虧是福」真正的意義所在。「吃虧是福」是一種做人的智慧，是一種低調的生活態度。吃虧，雖然意味著捨棄和犧牲，但卻是一種高尚的素養、一種做人的風度。身在職場，在與人合作或為人處世時，我們需要有點吃虧的精神。也許，短期內看來你是吃虧了，但你最終卻能夠收穫更多。如果你什麼事情都不肯吃虧，總愛斤斤計較、占便宜沒完沒了的話，就會使人看不起你，更不會有人願意與你交往、和你共事，你就會因自己的目光短淺而因小失大。也許從表面上看來，你並沒有吃虧，但是你卻會因一時的小氣而使自己失去更多更大的發展機會。

　　因此，身在職場，我們在做事看問題的時候一定要有長遠的眼光，要有吃虧的精神，要不怕吃虧。在這個世界上，沒有人會願意和一個斤斤計

較的人做朋友，也沒有人會願意和一個唯利是圖的人合作共事。害怕吃虧的人往往會吃大虧，而對於不怕吃虧的人來講，吃虧就是占便宜，主動吃虧往往能夠使你在不如意的時候找到一飛沖天的機會。1908 年，美國有一個叫拿破崙‧希爾（Napoleon Hill）的年輕人去採訪了美國最富有的人 —— 鋼鐵大王卡內基。卡內基在與希爾交談後，很是欣賞希爾的才華，於是卡內基就對希爾說：「我要向你挑戰，在此後 20 年裡，你要把全部的時間都用在研究美國人的成功哲學上，然後得出一個答案。但條件是：除了寫介紹信和為你引見這些人外，我不會為你提供任何的經濟支持，你肯接受嗎？」雖然沒有任何的酬勞，但是，希爾相信自己的直覺，於是他爽快地接受了挑戰。答應不要一丁點的報酬，為這位富翁工作 20 年。在一般人看來，希爾吃了大虧，因為這 20 年對於希爾來說無比的珍貴，正是他年富力強、最能創造利潤的時期。

最終的結果是，希爾獲得了遠比他應該得到的報酬還要多得多的回報。在接受挑戰後的 20 年裡，希爾在卡內基的引見下訪遍了全美國最富有的 500 名成功人士，寫出了震驚世界的《成功定律》（*The Law of Success*）一書，並成為了羅斯福總統的顧問。希爾之所以能夠取得成功，就在於他有吃虧的精神，這就是他能夠取得成功的祕密所在。後來，希爾在回憶這件事情時說：「全國最富有的人要我為他工作 20 年而不給我一丁點報酬。一般人在面對這樣一個荒謬的建議時，肯定會覺得太吃虧而推辭的，可是我沒這麼做，我認為我要能吃得這個虧，才有不可限量的前途。」

有句老話：「塞翁失馬，焉知非福。」事實證明，很多時候當下的吃虧，未必就是壞事。更多的時候，損失蠅頭小利反而會換來巨額的大利。因此，身在職場，我們一定要謹記吃虧是福的低調法則，切不可為了眼前

159

的一己私利而落入「鼠目寸光」的俗套，為人處世時一定要有長遠的眼光，否則，你就會在斤斤計較中錯失獲取更大收益的機會。

有些吃虧，看似「虧」，實則是在為我們積蓄「盈」，也就是說，吃得虧才能轉虧為盈，只是我們需要站在更高的層面上，用長遠的眼光來看，一定要勇於吃這樣的虧。吃得虧方能周圓暢達，換來浩然正氣。並非所有的便宜都值得慶幸，並非所有的幸運都值得高興，同理，並非所有的痛苦都令人難以忍受，並非所有的吃虧都是壞事。只要我們懂得「吃虧是福」的道理，我們就會主動地去吃虧，會坦然地面對吃虧。然而，現實中仍然會有很多人意識不到這一點，總是害怕吃虧。他們往往只會在意眼前的蠅頭小利，最終卻吃了大虧，不僅僅沒有了人格，還會失去朋友成為孤家寡人。面對現實，我們應該明白：人的一生，不能只占便宜不吃虧。身在職場，我們一定要習慣於用長遠的眼光來看問題，切不可目光短淺，而是要像那些有遠見的智者一樣，低調做人，主動地去吃點小虧，在減少是非的同時，也為你避免了職業生涯上不必要的失敗。

# 第 17 堂課

## 放棄 —— 丟下包袱，輕裝前行

# ┃學會為人生做減法┃

「一個人圍著一件事轉，最後全世界都可能圍著你轉；一個人圍著全世界轉，最後全世界都可能會拋棄你。」這是一位著名電視節目主持人的一句名言，這句話道出了一個普通的哲理，就是做事應盡量化大為小，化繁為簡，凡事都要抓住主要矛盾，忽略次要矛盾，唯此方能得心應手，應付自如。

人生的成長，其實就是由簡到繁、再由繁到簡的過程。年輕時，有很多夢想，總想有更多嘗試，吸收更多東西，抓住更多機遇，但根本不可能抓住每一個機會和境遇；等到慢慢成熟了、懂得了，才恍然有所悟。人的精力是有限的，雖有不甘，但心有餘而力不足。因此，人生必須學會做減法。欲做雜家，難成專家。人的一生要集中精力做一件事，做一件成一件，做一件像一件。做減法的過程並不容易，人容易患得患失，想實現夢想就要學會放棄，放棄是為了有更好地選擇。然而，要想放棄也不是一件容易的事。面對著飛速發展的社會和自己身邊的成功人士，又有多少人能夠靜下心來，感受一下生命的意義，領悟一些人生的道理呢？俗話說：「人生在世，加減二字。」然而，現代人多被功利、得失驅趕前行，將自己的人生設定為加法，不斷地追求，不斷地索取，讓無休止的累加壅塞了整個生活空間，自然受困於欲望的囚籠中，難以自拔。花謝了可以再開，燕子去了可以再來，而生命屬於人生只有一次，一旦逝去即無法追回。所以，每個人在珍惜生命的同時，更要懂得擁有人生的內容。不但需要學會運用人生的加法，還需要學會運用人生的減法，這樣才能合理安排人生的進退取捨，才能保持張弛有度的生活狀態，才能探尋豐富多彩的人生之旅。

　　人生是一扇虛掩的門，可以帶你進入看得見更多風景的房間。人生只是普通的日子，人們只是按部就班地進行新陳代謝的衍變。但無論如何，只要生命還在，情感還在，意識還在，人生總是充滿著未知、憧憬、希望和朝氣。無論哪一個人，挫折困難也罷，一路順風也罷，他們無不自覺而主動地一路走著，或者喜悅，或者苦悶，都在續寫著各種各樣的人生。正因為如此，人們才心甘情願地為自己的生命、健康、快樂、生活而高興，為自己的成功、事業、得失、未來而歡呼，乃至為周圍的一草一木動情，或者為萬事萬物喝彩。生活中，平淡最真實，平凡最充盈。不要想擁有太多，不要想做驚天動地的大事，功成名就，永垂不朽。好多事強求不得，只要付出了，只要努力過，只要為之奮鬥過，把自己的生活過得充實即可。

　　在人生的大舞臺，每個人都在扮演不同的角色，關鍵是要扮好這個角色，不要貪大求高，不要欲望太盛，不要好高騖遠。找尋最適合自己的角色最重要。人的一生很短暫，也很漫長，這是相對的，什麼事可以做，什麼事可以不做，要心裡有數。學會做減法，就是要堅持做好一件事，無怨無悔地做好一件事，做好一件對他人對社會有益的事。

　　南非前總統納爾遜·霍利薩薩·曼德拉（Nelson Rolihlahla Mandela）說過：「人最可怕的不是不知道自己的缺點是什麼，而是不知道自己的潛能到底有多大。」人的潛能是巨大的，就若山崖上生長的小樹，力量超乎想像。「生命最偉大的光輝不在於永不墜落，而是墜落後總能再度升起。」這是一種有彈性的生命狀態，每個人都應該保持這種生命狀態，風雨彩虹，步履鏗鏘。人生的本質就在於做喜歡做的事，做有益的事，不挑肥揀瘦，不這山還望那山高，顧大盼小，而應該咬定青山不放鬆，要做就把它做好。奮鬥成就事業，夢想讓我們與眾不同。執著總有所成，奉獻演繹精彩。我們堅守，故能成功。

　　人生的過程是角色不斷地轉換過程，每一次角色的轉換，都是一次新的機遇。人生是一場不斷抉擇的遊戲，有風雨也有豔陽，重要的是抉擇前要重重思考，抉擇後要輕輕的放下。回想自己年輕的時候，總是想要更多的嘗試，恨不得抓住每個機會，吸取更多的東西，也想得到很多。等到慢慢的長大了，知道了一個人的精力畢竟有限，就開始學著為自己的人生做減法了。如工作上，若想把每一件事都做得通透，你必須聚集全部精力放在這個著力點上，堅定不移，心無旁鶩。現實生活中難免會有種種眼前利益的誘惑。這很容易患得患失，所以必須明確自己想要什麼，該如何去做。當生活遇到許多不如意，甚至很不合理，而且自己又無力改變，我們就會陷入到為名利之累、為劣境所苦的困惑。人生要學會放棄，放棄也是一種幸福；人生有夢，但成就夢想靠的是一步一腳印走出來的。

## ‖ 忘掉過去，贏在未來 ‖

　　過去也許是我們最快樂、最幸福的日子，是最值得回味的；但也許是我們最悲傷、最痛苦的日子，是最厭惡的。不管以前是喜還是怒、是哀還是樂、是成功還是失敗。我們總不能沉浸在過去，迷戀過去。我們應該忘掉過去，展望未來。如果過去是輝煌的成功，那麼它也只能代表過去；如果是失敗，那麼也別灰心，只要我們的心仍然是奮發向上的，就不怕眼前的失敗。視失敗為墊腳石。展望未來，為未來奠下扎實的基礎才是最重要的。

　　以前，你或許是一個成功者，曾有過鮮花和掌聲，也曾擁有快樂、幸福的時刻。然而，當你被眼前的榮譽沖昏頭腦時，等待你的可能是一敗塗地。到那時，你才會意識到成功只是暫時的，它不可能伴隨我一生，除非

我繼續努力，堅持不懈。但是，過去已經成為歷史，該忘掉的就應該忘掉，眼光還是要向前看的。

當然，生活中還有另外一種情況，也會成為你走向成功的障礙。比如有人會說：「我很難忘掉自己的過去，有些陰影一直在腦海中揮之不去。小時候我家裡很窮，物質條件很差，吃飯穿衣什麼都沒辦法跟別人比，還常常被人嘲笑。因此產生了強烈的自卑心理和憂鬱症狀，而造成這一切的根源主要是從過去中的不幸留下的。這該怎麼辦呢？」針對這種情況，美國心理學家提出針對憂鬱症的「認知療法」，就是透過心理疏導，讓這些人了解導致這種狀態的各種錯誤思想，提高自我認知，正確對待自己、正確對待他人、正確對待環境，做到自尊、自強、自信。這樣，有助於他們適應環境，遠離過去陰影造成的傷害。當然，能幫助自己找回自信的還是自己，不要把別人看得過高，也不要低估了自己的能力。

有一個石匠，他自嘆卑微貧窮，希望有朝一日能夠成為有錢人。有個精靈出現了，說可以幫他實現願望。石匠真的變成了一個富翁，再也不用開山鑿石了，他所擁有的金錢能夠買到他想要的東西，他高興極了。

可是沒多久，在一個非常炎熱的夏天，他發現太陽的威力太大了。「我希望變成太陽！」他許願道。精靈實現了他的第二個願望，讓他變成太陽，光芒照耀著全世界。但是，幾朵雲飄過來，把他的光芒遮住了。

「它們比我還要強！」石匠感慨，然後他許願變成了一朵雲，雲還可以變成雨水，把許多東西都淋溼沖掉。然而，他注意到山巒並沒有被他的雨水沖掉，因為沒有人動得了山。「山比我還強！」他大叫，於是就許願變成一座山。自然，他的願望又實現了，他高興了一陣子。可是，有一天他發現腳下傳來「叮叮噹噹」的敲擊聲，是一個石匠，正在敲開山上的石頭。「怎麼可能，」他大叫。「我是一座山，可是他卻比我強，我希望我

變成他。」於是，他的第五個願望實現了，他又回到了當初的出發點，只不過現在他已經不再抱怨自己的身分低微了。

　　當一個人希望越大，失望也就越大。在面對生活中的殘酷的現實時，很多人選擇逃避。但逃避現實卻無法讓自己擺脫煩惱，只能做生活的懦夫。當我們精疲力盡、在現實面前無能為力的時候，都會幻想著假如怎麼樣就不會怎麼樣，然而，在現實生活中根本沒有那麼多的假如，它也不會給你那麼多時間去幻想。所以，接受生命中不可能改變的現實是一種智慧。我們無法給人家比父母和出身，我們可以跟別人比打拚與未來。

　　過去就讓它過去吧，隨著時間的風的吹動，它早已在人生的迷霧中煙消雲散。儘管有人說「忘記過去就意味著背叛」。但是，在現實的生活中，又有誰可以背負起過去這一沉重的包袱呢。過去只是記憶的瞬間，我們不能老回頭看過去，因為那樣只會讓你沉醉、迷茫，無法掌握自己理想的方向。對於過去，我們不能輕描淡寫，或許有的人在談到過去的時候，比談到未來要高興得多，有興趣得多，因為有自己的參與、領悟與理解。在這之中，他或多或少有言插入其中，哪怕只是小得不能再小了，也猶如一切重現。當談到未來時，大多是搖頭、嘆氣，對生活沒有興趣，對未來沒有希望，只盼望自己永遠都做那個不起眼的小不點，任人寵他、愛他。

　　如果你不能忘掉過去，也許你會沉醉於昨天的輝煌，那麼今天你就難以構建更大的輝煌；你也許會沉湎於昨天的失意，那麼今天你就邁不開前行的步伐；你也許會一味地眷戀昨天，那麼今天你勢必會被它阻礙。在過去面前，你是昂首挺胸向前走呢，還是俯首稱臣呢？這就取決於你對昨天的遺忘有多少。

　　忘掉過去，才能贏得未來；忘掉過去，才能開拓世界；忘掉過去，才能博得喝彩。生命如同一場旅行，大家都是路人，邊走邊看，賞著路邊的

風景，流著各自的眼淚。人生活在這個世上，不可能都是一帆風順的，或者遇到困難，或者遇到挫折，或者遇到變故，或者遇到不順心的人或事，這些都是人生前進中的正常現象。然而，有的人遇到這些現象時，或心煩意亂，或痛苦不堪，或萎靡消沉，或悲觀失望，甚至失去面對生活的勇氣，而聰明的人在這個時候會選擇忘記。過去的成功，過去的快樂，抑或過去的失意，慘痛都只能屬於過去，我們要掌握的是現在和未來，要展望未來，相信未來。

## ▌魚和熊掌不可兼得▐

世界上沒有兩全其美的事情，在你得到一些東西的同時，另一些東西已經離你遠去。所以，人生必須要懂得放棄。懂得放棄的人，不會過度計較眼前的得失，他們的心胸寬廣，眼光遠大，會把暫時的放棄當成更進一步的階梯，為發展積蓄能量，為成功奠定基礎。懂得放棄的人，知道該放棄什麼，不該放棄什麼，在任何情況下都能堅持自己的信仰，把握人生的方向。

有些人不懂得放棄，認為放棄是人生弱點的反映，叱吒風雲的拿破崙·波拿巴就曾說過：「在我的字典裡，沒有失敗兩字。」即使以他高超的軍事謀略、指揮才能，一度橫掃歐洲大陸，無往不勝，但最終也未逃過兵敗滑鐵盧的厄運。可見，放棄雖表面上看似軟弱，實則是一個人有力量的表現，它需要極大的勇氣和膽識，特別是在成功和勝利接踵而至時，懂得放棄，才更具大將風度，更顯英雄本色。拿破崙只知一味向前，不懂得適時放棄，失敗也只能是遲早的問題。

其實，放棄與得到是辨證統一，相輔相成的。在這方面放棄，在別的方面就會得到；在這方面得之越多，在別的方面就會失之越多，得失之間

常常是平衡的。生命屬於我們只有一次，生命的歷程是短暫的，人的一生值得追求的東西太多，有的東西我們不得不放棄，懂得放棄，才會懂得擁有。放棄不是捨棄，是一種等待，等待更好的時機。放棄不是退避，是一種儲蓄，儲蓄更大的勇氣。古語謂「大丈夫能屈能伸」，「能屈」不是懦弱，是一種長遠的策略，是為了「伸」得更遠；拳頭收回來，是為了更有力的打出去。越王勾踐臥薪嘗膽，最終成為了天下的霸主。放棄是一種豁達。放棄不是懦弱，而是一種勇氣；放棄不是妥協，而是一種進取；放棄不是萎縮，而是一種生長。人放棄捷徑通途，不是偏愛崎嶇曲折，而是為了通達成功之路；放棄安逸舒適，不是不會享受生活，而是為了堅守自己的志向；放棄功名富貴，不是為了選擇貧困窮寒，而是為了追求自己的理想；放棄生存，不是為了獲得死亡，而是為了維護自己的人格和尊嚴。

佛教的創始人釋迦牟尼（Sakyamuni），在十九歲時，有感於人世生、老、病、死等諸多苦惱，捨棄王族生活，出家修行，他不惜放棄家庭，放棄一切親情、友情，最終創立了影響人類社會數千年的佛教。放棄需要勇氣，放棄需要智慧，放棄也需要原則。過多的負擔反而使人不能前行。

人的生命如同一趟旅行，如蝸牛一樣負重，自然無暇去欣賞沿途的風光。拋棄肩上不必要的物品，抖擻掉所有罣礙，旅途才會愉快。筆者曾見一幅漫畫：一個背著布袋的和尚吃力地行走，放下布袋後，身體立即輕鬆舒適。他說：「放下就是快樂。」其實，快樂與否倒更在於放下與不放下之間的平衡。做人，至少不該放下正直；處世，至少不該放下寬廣的胸懷；做事，至少不該放下厚道。責任不該放下，良知不能放下，情義不能放下。不該放下的無論如何不要放下，否則你就是播下不幸的種子；該放下的自當平靜從容的放下，太多的人原也曾從容、平和地生活著，可一旦

面對太多誘惑的時候，難以取捨，從此便眼花繚亂、煩惱叢生；甚至在現實中被太多的欲望牽扯著而不知進退，在山重水複中迷失自己，並無端地折磨自己，自尋煩惱，傷己的同時還在傷人，而讓自己成為最可憐和可恨的人。所以，放棄，是一種智慧之舉，一種至高境界。人能拋棄一切蕪雜累贅，人生才能得到昇華。

選擇放棄，並不是每個人都能做到的，只有成熟的人才懂得該放棄時放棄，樹立目標後堅定選擇。生活不是單純的取與捨，不要斤斤計較失去的，有時得到比失去的更可貴。放棄是為了更好地選擇，在放棄中進行新一輪進取，懂得選擇，學會放棄你就能找到一個美麗的天地。懂得放棄才能擁有一份成熟，才能獲得更加充實、坦然和輕鬆，放棄了過高的奢望，放棄了不可能實現的夢想，腳踏實地，才能獲得真實從容，走出真正屬於自己的路來，放棄了不可能的結束，才能重新開始。人生如戲，每個人都是自己生命唯一的導演，只有學會選擇和放棄的人才能徹悟人生，笑看人生，魚和熊掌不可兼得。

# 第 18 堂課

信仰 —— 遠離迷信，走近信仰

# ‖ 人生得有個精神寄託 ‖

　　大千世界，芸芸眾生，何去何從，很難確定。原因很簡單，就是因為我們個人的力量有限，世界上每天所發生的許多的複雜問題，用現有科學還很難解決。所以，人應該有一個信仰的對象，這樣他在面對現實社會中無法解決或解脫的情況下，會用理智的方式去想像，不致於無奈。

　　有些人認為人生不需要有什麼信仰，還有人認為信仰自己就是最好的信仰；求拜神靈，求仙問卜，那是種依賴。其實，這些人太看重人生，看重自己，沒有看到自己以外的東西，所以，他們看不到真道理。如果我們人稍個體察一下自己的五官，自己所接觸到的，所知道的事物又有多少？我們五官所接觸不到和不知道的事物還有多少呢？信仰自己或尊重自己本來沒有錯，只是自己所能掌握的知識與力量非常有限，對於一些未知領域的東西，僅靠自己的感覺和經驗去認知解決往往會顯得力不從心，因此，要對人生各種問題有透徹的認識，我們還是需要信仰的。

　　對於那些內心敏感的人，信仰的形式並不重要。哪怕僅僅是內心的修為和堅持 —— 都能讓他們的內心充實起來。還有人把目光投向古代先哲，老子、蘇格拉底等人，如果這些先哲活在今天的話，他們可能也會有很多忠實的粉絲，也能成為暢銷書作家或電視明星。

　　有信仰的人，往往比沒有信仰的人堅定，面對絕境時痛苦要小得多。信仰甚至可以使人越超絕境，以苦為樂，視死如歸。信仰還是一種心理防禦機制，它可以緩衝因不能控制的生活事件，如死亡和嚴重的疾病而造成的巨大壓力。法國心理學家戴里夏解釋說：「一旦個體置身於一個隨時可能超出他的控制能力的消極情境中，他就會自動生成『控制幻覺』。這種幻覺讓他覺得自己能夠控制外界，從而達到心理保護的作用。」相反，如

果個體長期置身於危險境地，而且清楚地知道自己不能改變這種局面，他就會進入「抑制行動」的狀態。這種狀態對人體器官極其有害。按照生物學家夏普提耶的描述，此時，相關的器官和組織會處於生理警戒狀態，大量分泌腎上腺素（Epinephrine）等。若任由這種臨界狀態持續，人體器官就會迅速衰竭。

這就是許多疾病，比如胃潰瘍甚至某些癌症的成因。因長期的焦慮對人的生理健康非常不利，所以在承受重大考驗或者危機時刻，即使是出於實用目的的考慮「信點什麼」都是有莫大好處的。因此，人生應有一個信仰，確立自己事業的目標，決定自己的志向，做起事來全神貫注，不要散漫無章，這樣你就能順利地通過人生和命運對自己的考驗。

# ║ 學會傾訴心中的不快 ║

傾訴是人的一種本能，是人們感情傾瀉的管道，但有些人卻因各種原因，人為的遏制了這種本能，堵塞了這個管道，為自己的生活帶來了很多煩惱。學會傾訴，不僅可以排解生活中的不愉快，還可以減輕自己的心理壓力。傾訴就像是堤壩內的蓄水，超過警界水位了，必須要瀉洪，否則將潰壩釀成災害。但卻有許多人，因工作壓力大或出身的卑微而無端地封閉自己，無端地沉默寡言，無端地羞於開口。將心中溢滿的水強迫嚥下，內心必然會更為苦痛；將情感放在烈日下炙晒，本無多少水分的情感必然更為乾枯。

人類身為高級動物，不但有感情而且感情複雜。市場經濟加快了人們的生活節奏，人們為了生存和在競爭中獲勝，每天奔波於職場、家庭、社會各處。遇到主管，謙遜恭敬，察言觀色備加小心；進入職場，如履薄

冰，眼觀六路處處小心；遇到重要客戶，熱情洋溢，還要處心積慮的為成功而多方努力；遇到的人各式各樣，遇到的事錯綜複雜，心情也會隨著你的感覺而不斷變化，成功的興奮，失意的沮喪、痛苦的悲傷、不公的憤懣。這些情緒長期在心裡積存，並不斷地產生很微妙的變化。那種壓抑和煩悶產生的能量，如果不能得到有效的釋放和調節，必將對心理產生不好的影響。

高爾基說過：「我相信，如果懷著愉快的心情談起悲傷的往事，悲傷就會煙消雲散。」這說明，你如果用一種積極的心態去做事，消極中你就會看到積極和美好的一面；反之，則會在積極中窺視到存在或臆想的消極結果。

傾訴需要一點勇氣。人們並非不知道傾訴對於緩解壓力的好處，但有時卻缺少一點勇氣。女人比較善於傾訴，也最容易被接受傾訴。眼淚一流，又排毒又讓心中的憂憤排空，讓男人憐愛而對女人同情，真可謂皆大歡喜。男人天生就具有征服性的特徵，他們把自己當做強者，遇到天大的難事，礙於面子和強者無敵的心態，從不願意向人袒露心聲。有淚往心裡流的男人，被譽為了剛鐵硬漢；咬碎牙齒寧折不彎的，被稱為了英雄鐵漢。男人不能輕易的傾訴情感，是因為輿論和世俗，把你推到了高處不勝寒的地步，要衝破禁地是需要一點勇氣的。而這種不能輕易傾訴的無形桎梏，也讓古今多少英雄豪傑為歷史書寫了多少遺憾。不知傾訴和留得青山但能「力拔山兮氣蓋世」的楚霸王，悲壯的自刎烏江。在為他的剛烈和悲壯而唏噓的同時，也為他缺少傾訴的勇氣而慨嘆。如果他能和部下理性地交流傾訴，返回江東重振旗鼓，捲土重來後，楚漢相爭也許就會是另一種結果。

傾訴是一種能力。每個人在人生的長河中飄流時，都會經歷險灘，有平緩有跌盪，河裡的水有時會漲滿，也會因各種情緒不斷填充而淤塞，能不能引流和疏通，就要看每個人在這方面的能力了。當你將心中的苦悶憂

鬱，向友人訴說時，溢滿心中的惆悵就會輕快的向外流淌；你對朋友傾訴著憂鬱時，理解和友愛消除了你心中的淤塞。你不但要有勇於傾訴的能力，還要有唯我獨尊的能力，不必在意自己是否失態，也不必在意別人是否笑話與你。不要只是暗自慨嘆身心疲憊，埋怨生活對你太不公平。你要作的不是暗自傷神怨天尤人，而是要學會在傾訴中，釋放你的痛苦，在盡情傾訴中獲得一種莫大的快感。藺相如對廉頗的多次無禮容忍謙讓，並透過下人向廉頗傾訴傳遞出自己的忍讓是為國家安危著想，使廉頗愧悟並負荊請罪。有益的傾訴，不但促進了團隊重要成員的團結使趙國成為強國，也成就了將相和的千古美談。

傾訴還要掌握對象和方法。不是任何人都可以做為你傾訴的對象，也不是任何場合都適合進行傾訴的。在適當的場合向適當的人傾訴，才會達到傾訴的效果和目的。反之，則會收到事倍功半的效果。祥林嫂不分場合不分對象的嘮叨，也是一種傾訴，但她這種傾訴向人們傳遞的資訊，和她需要獲得的結果是大相徑庭的。許多時候，當消極心理占上風時，總會想到自己的不幸，總是在羨慕別人的幸福。其實，很可能別人在此時也正在羨慕你的幸福呢！只是彼此站在不同地角度罷了。幸福沒有什麼實質上的定義，每個人站在不同的角度看問題，對其的理解也自然不盡相同。如果你覺得自己很幸福，苦中生樂，你就一定會生活在幸福中。雖然你沒有足以傲人的金錢，沒有令人拜倒的權勢，沒有名震江湖的大名，出門沒有香車美女，但是你仍然可以讓平凡的每一天都在幸福中度過。物質貧乏，你可以讓自己的心靈富有，生活單調，你可以讓你的胸懷豐盈起來。

傾訴讓你有一種如釋重負的輕鬆地幸福，傾聽讓你有種做了濟世利人的善舉後所獲得的心理歡悅。傾訴會帶給人一種平和的心態，一種淡泊的境界，一種感恩的生活態度。

# 擁有一顆善良的心

　　一位哲學家有一次問他的學生，「人生在世最需要的是什麼？」答案有很多，但有一個學生說：「一顆善良的心！」正是，那位哲學家讚嘆地說：「你在善心兩字中，包括盡了別人所說的一切話，因為有了善心，對於自己，則能自安自足，能夠做一切與己適宜的事，對於他人，則是一個良好的伴侶，親切的家人，可愛的朋友。」那麼，善源自什麼呢？

　　生命有時就像一場雨，看似美麗，但更多的時候，你得忍受寒冷與悲痛。但是，人間卻充滿了溫暖與光明，它讓你心中的寒冷化為溫暖，讓悲痛化為力量，讓人間到處充滿了愛的蹤跡，讓生命中的真摯與寬容綻放光芒。

　　「人之初，性本善！」每個人的心都是肉長的，經不住人性的感化。在感人至深的故事面前，我們往往都是被打動，打動的正是我們那顆善良的心。正因為這顆善心的存在，人間多了更多地關愛與幫助。在公車上，主動讓座，關愛老人，愛護小朋友，秩序井然，充滿了愛心與溫暖。茫茫人海中，大家都是陌生人，但由於我們的一句關愛一句問候或一個小小的幫助，我們就變成了未來的朋友。車來車往，來去匆匆，在一個素不相識的人面前，我們同樣會伸出援助之手，獻出一顆真誠的愛心。只要別人遇到困難，處在困境中，我們絕不會袖手旁觀。因為人性本來就是一個「善」字。怎能不去幫？怎能視而不見呢？其實，有時一句小小的關懷與呵護就會感化一顆冷酷無情的心，一句小小的安慰與鼓舞，就會燃起別人對生命的希望與渴望的火焰。

　　柏拉圖在《理想國》（*Res Publica*）中說「一個人貧窮並不可怕，只要他善良；可怕的是富有了，身上卻充滿了邪惡，邪惡的富人老了也不會

得到安寧。」在整個社會，貧窮和富有古今都是存在，在很長時間內是無法改變，我們看過太多太多因爭權奪利，失去親人、朋友、人格尊嚴的事件。一個人貧窮並不可怕，只要他善良，改變人的最終要推到內在因素，不受外界不好事物影響。有句俗話叫「人窮志不窮」，陶淵明不為五斗米而折腰，伯夷和叔齊拒絕周食餓死在首陽山上。穆罕默德‧尤納斯（Muhammad Yunus）開設了世界上第一家「窮人銀行」，他在孟加拉開的鄉村銀行，就是給社會最底層的窮人提供小額銀行貸款，為什麼，因為窮人沒錢，但是要給他們信心，讓他們能夠感受到社會的關懷，所以社會不容忽視窮人，要盡可能的幫助他們，心地善良，不管是窮人還是富人，到死都會心安理得。

　　人生是一個迅速旋轉的車輪，他匆匆行駛，像時間匆匆流去，但世間無常，人間沒有永遠的悲苦，也沒有永久的怨恨。世上最難得的是寬容，人間最可悲的是嫉妒，還記得有首詩中這樣寫道：「我驕傲，我是一棵樹，枝葉向著藍天伸展，根鬚扎進大地深處，山高水長，自由競爭，無意把別人的光彩遮住。何必揮動仇恨的斧頭，我和你無冤無故，即使大地上沒有了我，挺拔的新枝依然無數，江河無須怨恨海洋，山泉何必詛咒瀑布，你有你的歸宿，我有我的道路。」世界第二首富華倫‧愛德華‧巴菲特（Warren Edward Buffett）把他的財產的85%都捐給了慈善組織，自己過著很簡單的生活，把賺錢看成是件很有意思的事，而不是把金錢作為自己人生的一切，作為一個有信仰的宗教徒，把自己的財富捐助給需要幫助的人，自己的心會感到特別踏實。正如那句話：「可怕的是富有了，身上卻充滿了邪惡，邪惡的富人老了也不會得到安寧，」自己所爭取的財富是社會所賦予的，富人應該擔負起幫助窮人的責任，回報社會，而不是去購買豪華遊輪，修建奢侈遊樂場所，購買奢侈品。一部分人富有了，卻

忘了自己的責任，揮霍無度，賭場豪邁，什麼都拿錢說事，這對整個社會風氣起了極大的害處。一個善良的人，要放對自己的位置，做該做的事，不管是富有還是貧窮都應該秉承做人的基本準則。

所以，要擁有一顆善良的心，如果大家都保持這顆心，就不會出現無數因為錢財、利益、權利而發生的殘暴事件，有句老話「好人一生平安」，所以只要保持了善良的心，到了晚年不管你是錦衣玉食，還是素衣裹身，你的心會怡然自得，也會得到別人的尊重。

「善」源自一顆善良的心，這顆心充滿了愛，這種愛是一種自發的行動，是一種純真的感情，善不是同情，也不是憐憫，更不是施捨，因為人不需要施捨的愛，施捨只用於「乞丐」，而人類不是乞丐。即使你不擇手段得到了這份施捨的愛，你也不會覺得溫暖，因為這種愛太縹渺，太空虛，空虛得讓人害怕。「善」是人類獨有的精神財富，善是一種不可多得的珍寶，是一種高尚的情操，它可以奔流不息，也可以驚天動地。善是一首最感人的歌，最動情的電影；擁有它，你就會遠離自私，擁有它，你就會發現自己是多麼幸福！

如果你想得到更多幸福，那麼請你把心中裝滿無窮的愛，把你的善良的心帶好，打開忍讓和寬容之門，開始啟程，駛向那有善心的地方，無論你在什麼地方，都要記住善源自一顆善良的心！我們要時刻保持著一顆善良的心。

# 第 19 堂課

## 淡泊——看淡了，心就放開了

# ∥ 不要將自己看得太重 ∥

　　俄國作家托爾斯泰曾說過：「一個人就好像是一個分數，他的實際才能好比分子，而他對自己的估價好比分母，分母越大則分數的值就越小。」人活在世上，不要把自己看的太重才好。人們往往因為把自己看的太重而感到活得很累。放對自己的位置，首先我們是人，是社會的一個成員。社會接納了自己，給了自己許多服務和幫助，我們也要對社會做力所能及的回報。對父母來講，我們是孩子，對孩子來講，我們又是父母，還有自己朋友和鄰居、為了感恩自己身邊愛自己的人，我們要同樣地回報他們才行。

　　不要把自己看得太重，換言之，就是看輕自己。而現實生活中我們把自己看重的地方很多，看輕自己的地方很少。把自己看得很重的人常常表現得難以理智，總以為自己了不起，不是凡夫俗子，好似神仙降臨，高高在上，盛世凌人；總以為自己博學多才，滿腹經綸，一心想做大事業；總以為自己是個能工巧匠，別人不行，唯有自己最行；總以為自己工作成績最大，記功評獎應該放在自己的頭上，稍不遂意就會心生怨意。

　　把自己看的太重的人，容易心理失衡，個性也隨著脆弱，意志薄弱；容易獨斷專橫，傲慢自負，停滯不前。有時候，看輕自己更是一種風度，是一種境界，是一種修養。把自己看輕，需要淡泊的志向、曠達的胸懷、冷靜的思索。善於看輕自己的人，總把自己看成普通的人，處處尊重別人；總把大家當做最好的老師，自己始終也永遠是沒有畢業的小學生；即使有了一點成績後，也從不居功自傲；處處委曲求全，為人謙虛隨和。

　　看輕自己，絕不是一般人所能做到的。它是光明磊落的心靈折射；它是無私心靈的反映；它是正直、坦誠心靈的流露。看輕自己，並不是去鄙

視自己，也不是去壓抑自己，更不是去埋沒自己；把自己看輕，不是要你去做違心的事，更不是要你去理不願意理的煩惱。相反，它能使你更加清楚地認識你自己，善待你自己，不以物喜、不以己悲。說到底，不要把自己看得太重，看輕自己，會是另一種「看重自己」的最佳妙法。

一位表演藝術家曾講過這樣一個故事。他生長在一個大家庭中，每次吃飯都是幾十個人坐在大餐廳中一起吃。有一次，他突發奇想，決定跟大家開個玩笑。吃飯前，他把自己藏在餐廳內一個不被注意的櫃子中，想等到大家遍尋不著時再跳出來，尷尬的是，大家絲毫沒有注意到他的缺席。酒足飯飽，大家離去，他才慢慢地走出來吃了些殘湯剩菜。從那以後，他就告訴自己：永遠不要把自己看得太重要，否則就會大失所望。

這個故事真實而簡單，它告訴我們要學會認識自己，既不要把自己看得太重，也不要輕視自己。這個世界上，每個人都很重要，但是離了誰地球都照樣地轉。所以，一個人可以自信，但不要自大；可以狂放，但絕不能狂妄；可以健康長壽，但不可能萬壽無疆。以一顆最平常的心去對待世間萬物，遇事要懂得換位思考，退一步海闊天空，那樣你的心才會變得安逸，生活才會更加幸福。

# ┃名利是身外之物┃

俗話說：「天下熙熙皆為利來，天下攘攘皆為利往」，世間不知有多少人為名利朝思暮想，挖空心思，削尖腦袋，爭得你死我活，很多人為此失去了快樂，甚至還有人為此斷送了前程，丟了寶貴的生命。

既然從生到死是亙古不變的規律，那名利則更是身外之物了。人世間沒有不散的「宴席」，沒有取得完的財富，生命都必然要離去，那所謂名

利不也是生不帶來，死不帶去乎？不管是你生時「功勳蓋世」、「名揚四海」，還是「萬人稱頌」、「頂禮膜拜」，一旦你死去了，幾年、幾十年抑或百餘年，可能還會有人記得住，但真的從內心裡去「真心懷念」你的會有多少呢？即使是自己的親人，相近的一兩代還會祭奠和看望，但幾代以後，恐怕也很少有子孫會年年祭奠，永遠難以忘懷，至於某些人擁有的巨額財富，更是生帶不來，死帶不走。

既然名與利都是身外之物，生不帶來死不帶去，我們就不妨把名利看得淡一點，讓自己保持一種平和點的心態，何況，名人和普通人的死從本質上並沒有多少區別。人一旦離開了這個世界，即便是再多的名利和財富，也都無法帶到另一個世界去。其實，細細想想，聲名顯赫固然可以讓人得到很多的榮耀，可榮耀背後的那些心酸，以及不為人知的壓力，同樣會讓人感到很累，不僅是心累，更多的是無以言喻的痛苦。因為你一旦擁有了榮耀，你就不可能像普通人那樣輕鬆的生活，你要謹小慎微，要時時刻刻的嚴以律己，不能有絲毫的差錯，還要隨時注意自己的形象等等，與其那樣倍受煎熬，還不如做個普通人來得痛快和愜意。

至於財富多的人，活得就更累了。除了要應對財富來源獲得過程中的爾虞我詐、你爭我鬥，還要隨時警惕不知道何方來的威脅，出門要四處觀望，看有沒有被心懷歹意的人盯上，在家裡睡覺都要睜著眼睛，警惕著從天而降的災難，與其這樣心驚膽戰的做富人，倒不如過平常人的生活，哪怕是一貧如洗，也比那樣整天擔心受怕的生活好很多。

讓自己活得輕鬆點吧！不要為名利所困惑，不要整天墜入名利的漩渦中不能自拔，更不要為了名利鋌而走險。其實，做個普通人挺好，過普通人的生活一樣有數不盡的快樂。

一個富翁覺得生活中沒有快樂，於是，他背上許多金銀財寶，決定去

尋找快樂。可是，他踏遍千山萬水，到頭來還是一無所獲。他沮喪地問過路的樵夫，去哪裡才能找到快樂。樵夫放下沉甸甸的柴草，擦著汗水，笑著說：「快樂還用去找嗎？我一放下柴草就覺得快樂。」這位富翁如醍醐灌頂，自己天天背著沉重的財寶，時時刻刻害怕遭到搶劫，當然就不會快樂。後來，他每到一地，就把財寶分一些給窮人，看到財物越來越少，他反而感覺心情越來越輕鬆，自己終於找到了快樂。

　　隨著人們思想境界的提高，對於名利的追求自然也就淡泊了，名利是無止境的，我們只有適可而止，才能夠知足常樂。人們的貪念使得對名利的欲望無休止的膨脹，因此何謂知足，便成了多數人不解的事情。知足者能看透名利的本質，心中能拿得起放得下，心境自然就會開闊。一個人如果養成了看淡名利的人生態度，面對生活，他也就更易於找到樂觀的一面。但生活中還有這樣一類人，他們口口聲聲說將名利看得很淡泊，甚至做出厭惡名利的姿態，實際是內心中無法擺脫掉名利的誘惑，故而做出自欺欺人的姿態，未忘名利之心，所以才時時掛在嘴邊。對於這些心口不一的人，實際上內心充滿了矛盾，但名利本身並無過，錯在人為名利而發生的紛爭，錯在人為名利而傷害情義。只要我們能夠做到心中怎麼想，口中怎麼說，心口如一，本身完全對名利不動心，自然能夠不受名利的影響。這樣不僅我們自己活得輕鬆，與人交往也會更加的輕鬆。

　　因此，學著放棄一些無謂的東西吧，功名利祿轉眼可能就變作糞土，與其背著這些包袱生活，不如輕裝上陣。這樣，沒有了負累，你就不用再為它而心事重重、陰霾不開，你會挺起胸、抬起頭，有充裕的時間欣賞人生的風景。此時你會發現，生活中真正滋潤心田的不是權、錢、利，而是一份難得的快樂。

# 懂得控制自己的欲望

　　欲望是人最本能的東西。餓了，想吃飯，睏了，想睡覺，渴了，想喝水。這些看似簡單的行為都是人的欲望。但人的欲望遠不止這些，有的人為了欲望去剝奪他人的生命，有的人為欲望丟掉自己的性命。

　　欲望是雙面人，正面是天使，背面是魔鬼，欲望一旦失控，就會被魔鬼引向邪惡。人有七情六慾，所謂六慾，是指：「生、死、耳、目、口、鼻。」每個人都想有滋有味地活在這個世界上，於是嘴要吃，舌要嘗，眼要觀，耳要聽，鼻要聞，這是人在生理上的需求和欲望，這種需求與生俱來，無師自通。人生有欲，是為了生，但凡事都有一個度，「欲」也不例外。「欲」超過了度，就會成為生命的負累，會使人墮落，會使人喪失天性，走上萬劫不復的道路。因此，我們在面對種種欲望的誘惑時，要學會控制自己。

　　西方一位哲人曾說過這樣一句話：人的欲望是座火山，如不控制就會害人傷己。一個沿街流浪的乞丐每天總在想：假如我手頭有兩萬元就好了。一天，這個乞丐無意中發現了一隻跑丟的很可愛的小狗，乞丐發現四周沒人，便把狗抱回他住的窯洞裡拴了起來。這隻狗的主人是當地有名的大富翁。這位富翁丟狗後十分著急，因為這是一隻純正的進口名犬。於是，他就在街上和電視臺上發了同一則尋狗啟事：如有拾到者請速還，付酬金兩萬元。第二天，乞丐沿街行乞時，看到這則啟事，便迫不及待地抱著小狗準備去領那兩萬元酬金，可當他匆匆忙忙抱著狗再一次路過貼啟事處時，發現啟事上的酬金已變成了三萬元。原來，大富翁尋狗不著，又把酬金提高了。乞丐似乎不相信自己的眼睛，向前走的腳步突然間停了下來，想了想又轉身將狗抱回去，重新拴了起來。第三天，酬金果然又漲

了；第四天又漲了；直到第七天，酬金漲到了讓市民都感到是天價時，乞丐這才跑回自己的破房子裡去抱狗。可想不到的是那隻可愛的小狗已經餓死了。

人生在世，好多美好的東西並不是我們沒機會得到，而是我們的期望太高，往往在剛要接近一個目標時，又會突然轉向另一個目標，以致最後自己的目標超出了現實的承受能力，發展為必須採用非法手段才能完成。其實，有欲望是人的本能，合理的欲望是激發人們的動力，完成很多平常狀態不能完成的事情。對待欲望，要合理地加以節制和利用。具體說來，可以從以下幾點做起：

- **欲不踰矩，欲不損德**：人是欲望的產物，生命是欲望的延續。渴望物質上的富足，追求事業上的成功，謀求仕途上的發展，爭取人生中的精彩，這都是正當的欲望，人也正是在追求實現這些欲望的過程中不斷完善自我，提升自我的。但前提條件是，欲不踰矩，欲不損德，欲要受道德的約束，法律的束縛，不能隨心所欲，為所欲為。

- **清心寡慾，給心靈鬆綁**：人只要活著，就有欲望，欲望就像空氣無時不與我們同在。襁褓中的嬰兒有吃奶的欲望，坐在課堂裡的學生有讀書的欲望，出入徵才活動的大學生有求職的欲望，田裡勞作的農夫有豐收的欲望，小商小販有賺錢的欲望。隨著年齡的增長，經驗的沉澱，環境的改變，生活的磨礪，欲望越來越多，每個人都像負重的騾馬賣命地前行，我們感到累，感到苦。其實，你可以換一種活法，可以拋棄心中的雜念私欲，給心靈放個假。

- **節制欲望，知足常樂**：人生有欲，慾壑難填，這是不爭的事實，但人活著的目的首先應是為了活，為了輕鬆愉快地活。如果只為欲活著，人就會成為欲的奴隸，活得很累，活得很苦，活得很煩，最後在欲望

中迷失自己。人不能填平慾壑，但可以節制欲望，知足常樂。如果你已到知天命之年，身體健康，無任何疾病，就要知足，要享受健康的快樂，就不要奢望時間倒流，讓你回到花樣年華；如果已娶妻生子，生活安穩，就要知足，要享受家庭，就不要嫉妒人家的錢多，憤憤不平。懂得知足，節制欲望，就不會墜入欲海之中不能自拔。

- **分清良莠，優化欲望**：人的欲望有良莠之分，正邪之別。探索欲、求知慾、成才欲、奮鬥欲、奉獻欲等，是積極的欲望追求，能給人帶來奮進的動力，使人不斷進步，不斷提升人格；而權力欲、金錢欲、美色欲、霸占欲、毀滅欲等，是消極的欲望追求，給人帶來的是道德的淪喪、人格的墮落，使人走向自我毀滅的道路。面對眾多的欲望，人要擇其善者而從之，其不善者而棄之。

- **記下警句，警示自己**：為控制自己的欲望，特別是控制對金錢、權力、美色的占有欲望，可記下一些警句，時時警示自己。如：莎士比亞說：「情欲猶如炭火，必須使它冷卻，否則，那烈火會把心兒燒焦。」；史賓賽‧強森（Spencer Johnson）說：「人最重要的價值在於克制自己的本能的衝動。」

古羅馬的尤利烏斯‧凱撒大帝（Gaius Iulius Caesar）是一位威震一時的強權人物。他在臨終告訴侍者說：「請把我的雙手放在棺材外面，讓世人看看，偉大如我凱撒者，死後也是兩手空空。」正如凱撒所言，人兩手空空來到這個世界，又兩手空空與這個世界告別。不管是腰纏萬貫的富翁，還是為生計辛苦奔波一生的平民，誰也逃脫不了這一自然規律。既然如此，我們就應該把名利看淡一些，不為權所欲，不為財所惑；不為強所畏，不為弱所折；不為美所俘，不為色所迷；不為富所驕，不為貧所移，淡泊而清靜，寧靜而致遠，無欲而煩消，活得輕鬆灑脫自如。

# 第 20 堂課

享受 —— 享受擁有的，忘記逝去的

# ｜停下來，放鬆自己｜

放鬆是一種生活的態度，心情煩躁時，坐下來，看看自己喜歡的文章，聽聽自己喜歡的音樂。品茶、釣魚、看電影、旅行都是放鬆的方式，它們的存在是為了不讓生命變得乾枯萎縮。學會了放鬆也就學會了寬容，就像高聳入雲的大山，浩瀚無際的海洋，包羅萬象的宇宙。放鬆是人們心靈深處一道美麗的風景，是人們思想天空中一道絢麗的彩虹。只有學會放鬆自己，才能真正體會生命的意義，品嘗到生活的價值。

當年，美國總統哈瑞·S· 杜魯門（Harry S. Truman）發現，在午餐後輕鬆地散步，可以使整個下午精神抖擻。美國鋼鐵大王卡內基往往在忙碌緊張時就走出他的辦公室，到附近的公園裡漫步一會兒。這種身心的鍛鍊，每天所花的時間不多，卻能夠使人的精神蓬勃起來，工作得更起勁，思考力更加集中，還能幫助你做更多的事。我們在緊張忙碌的生活中，也應該學習如何借著各種動態或靜態的方式來放鬆自己。

放鬆的祕訣就是不要使自己過於緊張。不管工作多累，也不管家務多麼繁瑣，無論人際關係多麼複雜，也無論心裡有多少疙瘩，都應該以坦然的心情去對待。因為無論我們的心情如何，情緒怎樣，客觀總是客觀，現實仍是現實，它們都不會隨著我們的心情變化而變化。所以，我們不妨用一種坦然地心態、輕鬆地心情去對待大千世界、萬事萬物。

一個雅典人看到大哲學家柏拉圖正在和一群孩子用堅果玩遊戲，就嘲弄地說：「看你哪像個哲學家，和孩子們一起玩，像個瘋子。」柏拉圖發現有人取笑他，就在路當中放了一把鬆了弦的弓，問道：「你猜猜看，我這樣做是什麼意思？」那個雅典人苦苦思索半天，還是弄不清楚柏拉圖所指的問題是什麼。柏拉圖解釋道：「如果你老是把弦繃得緊緊的，弓就很

容易折斷，但如果你把它放鬆了，用時再拉緊，這樣有鬆有緊弦就不容易斷了。」這則典故告訴人們，要學會有張有弛，學會放鬆自己。但並非每個人都是自己生活中的柏拉圖，生活在現代快節奏中的我們，怎樣才能放鬆自己呢？你可以從以下幾個方面嘗試去做：

1. **深呼吸**：深呼吸可以緩和即將爆發出來的情緒反應，你只要從鼻子吸氣，慢慢地流經你的腹部，然後到你的肋骨，再慢慢地從鼻子呼出這些氣，而且輕輕地說聲放鬆，只要幾秒鐘的動作，你就可以就可以煥然一新。

2. **放鬆肌肉**：在三分鐘的時間內，可以試著做下面幾個動作來放鬆肌肉。首先，坐下，閉上眼睛；吸氣，約持續吸氣六秒鐘；發出嘶嘶聲地呼出你吸進的氣，讓身體鬆弛下來，然後有節奏地呼吸二十秒。再重複二次即可。

3. **浸泡熱水**：熱水澡是最古老的鎮靜劑，要放鬆最好浸泡在比自己的體溫高一些的熱水裡，時間不要超過 15 分鐘。溫水浴有同樣的幫助。

4. **散步**：盡可能不要安排午餐約會，利用午餐時間讓自己的心靈休息一下，獨自一個人，全神貫注慢慢地享受午餐。之後可以去散散步，一段十分鐘的輕鬆散步，可以讓緊張的情緒得以緩解，效果可持續一至兩個小時。

5. **對自己說話**：這不代表自己瘋了，事實上，它可幫助你避免走上毀滅之路。和自己的對話是處理壓力的好方法。這個方法主要是可以讓自己有機會去聽、發問和思考自己的問題，這樣，視野才不會變得狹窄。

6. **不要過度恐慌**：如果你常說一些「天啊！這麼慘！」之類的話，你可能就是過度恐慌了。如果有必要，就想像自己身處在洪水之中，如此你就能明白，臉上冒出顆大痘痘，其實不是件大不了的事。

7. **打開音樂，隨歌而舞**：有專家說放鬆心情的音樂應該由樂器慢慢地、靜靜演奏出來，但如果你厭惡了聽約翰尼斯·布拉姆斯（Johannes Brahms，德國作曲家）的音樂，其實也沒關係，使人寧靜的音樂有二個特性：熟悉與喜好，所以無論是何種音樂，只要能讓你高興就好。

8. **運動**：規律性運動可能是解除壓力的最實際方法。做四十分鐘的運動，可以減少壓力長達三個小時，若是相同時間的休息卻只能讓你輕鬆二十分鐘。同時，若是越緊張，運動之後就越能感到愉悅。

9. **什麼都不做**：要一個忙得不可開交的人突然放下所有的事物，的確不容易，但是每個人都需要有段空白時間。現實生活競爭激烈，如果不留些時間給自己，將會使自己顯得緊張、煩躁和焦慮不安，相對地也會影響到他人。

10. **這個世界並不完美**：承認完美是這個世界裡最大的欺騙遊戲，我們必須了解百分之百的完美是不可能達成的，能夠達到 90%，就已相當成功了。如果像完美主義者那樣追求完美，到頭來只會給自己的職業生涯和個人生活造成煩悶和不滿，即使奮鬥不懈，完美主義者並不見得會比其他人創造更多成就。

快節奏的生活步伐，讓人們不願意浪費一點時間，即使是在乘車時也如此，聽英語、看書。照顧小孩時，總是盼望她快快長大，能自己玩兒或者趕緊睡覺，別總像塊膏藥似的黏著我，讓自己什麼事都沒辦法做；既要照顧孩子，又要還房貸，沉重的負擔壓得自己喘不過氣來，一時間覺得生活真是枯燥乏味透了。什麼時候能讓自己停下來，過一種餓了就吃飯，累了就睡覺的本性生活就好了。人生幾十載，每一刻都是生命的片段，吃飯、趕路、坐車、做家事、睡覺，每一刻都是生命。未來無法預知，但可以由現在來創造，過好現在才是最重要的。所以不要憂慮未來，因為憂慮

改變不了什麼，我們可以把握現在，把握現在每一刻、專注每一刻、欣賞每一刻，這樣，生命就是美好的。平時工作再忙，煩惱再多也要記著保持一顆平靜的心，我們是為了感受生命而活著，不是為了工作而活著。不管是貧窮還是富貴，悠閒還是忙碌，都是生活，用平靜的心去感受，就會發現其中的美好。

用樂觀的心態去思考，珍惜現在、用心感受現在。比如把做家事當成一項有益於身體的運動；在坐車時突然發覺窗外的景色如此美麗；照顧孩子才知道，原來孩子是上天賜給我的最大的快樂。心靜下來了，一切舒暢起來，煩惱也不知不覺消失了。

# ‖ 做自己喜歡做的事 ‖

人是追求自由的動物，凡事總是希望身邊的人，身邊的事都能按照自己的意志來進行，從而可以獲得心靈上的愉悅與快感，說得通俗一點，就是做自己願意做的事，去過一種閒適的生活。

閒適就是休閒。從大的方面來說，休閒應該是指除謀生以外人喜愛做的一切活動。休閒就是人做自己喜歡做的事情。我們努力工作創造一切，為的就是讓自己去享受生活，休閒就是這個享受的過程的展現。如果看清了休閒的本質，人就應該知道休閒在生活幸福中的重要作用了。當人把工作當成愛好和樂趣來做時，工作也是休閒。沒有喜愛做的事的人是沒有休閒的，他只是空閒，而且常常感到的是無聊，他應該多接觸外界新鮮事物，找到自己感興趣的事物。休閒的方式是無限豐富的，音樂繪畫，看書寫作，打球跑步，釣魚旅遊，上網聊天，逛街購物，美容瘦身，電視電影，花草寵物，交友串門，收藏炒股，助人為樂，吃了就睡……只要是自

己想做又能夠做的都是休閒。適合自己，自己能從其中享受到很多樂趣的休閒才是好的休閒。

如果這種休閒與自己的價值觀吻合，能夠當做事業來做，那就是最幸福的休閒方式了。人要積極地尋找這樣的休閒方式。事業其實都應該做成休閒，因為事業從來都是人自願、喜歡去做的事情，事業是強迫不來的，強迫的也成就不了事業。愛因斯坦、愛迪生這些成就斐然的人都是把事業當成樂趣和休閒來做的。愛迪生說過：自己從來沒有工作過，自己是在享受研究的樂趣。聰明的人，工作也是休閒；愚蠢的人，休閒成了受罪。休閒也是有好壞之分的，適合自己，有利於自己整體需求和幸福的休閒才是好的休閒。有些人以吸毒、賭博為休閒，遊戲人生，自暴自棄，過把癮就死。雖然人生是為享受而來，但殺雞取卵是得不償失的，為了一時的快感傷害了整體的需求和幸福明顯將來是會後悔的，任何事情都應該適度，休閒也不例外。

美味吃得太多，短期會嘔吐傷胃，長期會肥胖傷身；戀愛偷情過度會傷身傷神傷心妨礙工作。任何休閒做得過度時，都會傷害人體的幸福。畢竟人的幸福需求是眾多需求共同組成的，不能顧此失彼，而要統籌兼顧，平衡、和諧發展。享受生活，享受休閒是要符合幸福方法的原則的，喜歡而沒條件做或付出太大代價才能做的休閒，人應該暫且忘卻它，不要自尋麻煩和痛苦。充分利用好現成的和付出較小代價就能實現的條件，人也會找到很多休閒的樂趣。休閒也需要學習知識，某一項休閒人越能自如的控制它，越能從中感受到樂趣。

需求和愛是休閒產生的前提，所以人要有愛心，要愛世界、自然、社會和他人，要多培養自己有條件享受的愛好和興趣。而需求和愛的產生又需要健康的身體，沒有健康的身體，人是沒體力，沒精力，沒興趣，沒心

思去享受休閒活動的。所以，人要保持健康。如果人謀生都很困難，休閒就是奢望，所以人要學會謀生的方法。很多人總認為有很多財富才能享受人生的幸福，才能做自己喜歡的休閒活動。這是不全面的，因為有錢人常常需要花很多時間去賺錢，操心的事很多，沒有太多時間可以去休閒，這是他們幸福感差的主要原因。只要找到適合條件的真愛好、真樂趣，不管是什麼人，都會享受到幸福的人生。

## ‖ 別讓工作成為負擔 ‖

　　人們常說：做一行，愛一行。因為只有喜愛一行，才能做好一行。管理學中有一句名言：「如果你對工作始終充滿情感，真正讓敬業融入血液，那麼，從事任何行業都容易成功。」也許你對目前的工作並不是很滿意，或者當前的工作並不是你的興趣所在，但也沒有必要把它看成是一種折磨，也要從中尋覓樂趣。即使你有更大抱負和夢想，做好當下的工作也是非常重要的。快樂是一天，苦惱也是一天，那麼，你為什麼不選擇快樂呢？培養工作興趣，成就事業輝煌，對人生何嘗不是一件好事呢？

　　享受工作要保持樂觀心態。心態決定狀態，狀態不好，談何樂趣。每天給工作一張笑臉，工作就會給你一份驚喜。正如成功大師卡內基所說：「改變想法就能改變結果。正確的思想會使任何工作都不再那麼討厭，使自己從工作中獲得加倍的快樂。」很多時候，我們總在抱怨工作的繁忙和單調，充斥其間的煩惱與無奈甚至成為生活中的無法承受之重。殊不知，工作著總是快樂的，有句話說，從事一項工作，不如喜歡這項工作；喜歡這項工作，不如享受這項工作。

　　快樂的祕訣，不是做自己喜歡的事，而是去「喜歡自己做的事」。工

作中的快樂其實就蘊含在每一個細節之中，關鍵是要有正確的心態去體會和領會：當運動員走上領獎臺的那一刻、當科學家的研究成果得到科學界的認可、當藝術家的作品受到世人的熱捧的時刻，臺下幾十年的寂寞與孤獨瞬間化為快樂與感動。他們是寂寞的，他們也是快樂的，因為他們樂於有所追求，因為他們也勇於在自己的工作職位上不懈地追求著，因而他們就一直享受著追求過程帶給他們的快樂。工作是枯燥乏味的，但甘守工作的苦才能享受工作的甜。投入工作，讓靈魂接受工作的洗禮。於苦寂之中生發領悟，於領悟之中生發喜悅，於喜悅之中咀嚼唇齒間的甜美芬芳，這正是至善至美的工作享受。有人說：「世界上最幸福的人，就是和自己喜歡的人在一起，做自己喜歡的事情。」對工作而言，這個自己喜歡的人，就是你所在的團隊。這件自己喜歡的事，就是你所從事的工作。從這個意義上說，享受工作樂趣與享受幸福生活同樣重要。因為工作是生活最重要的組成部分，是人們生存的「飯碗」，也是成就事業的根本。

享受工作要對工作充滿熱愛之情。把工作看作是一種自我滿足，一種藝術創作，把自己的熱忱、興趣、欲望、精力都聚焦到工作中去，全身心地投入並從中獲得快樂。沒有一個全力以赴工作的人會失敗，他只會收穫更多。記得有一位名人說過，「做每一件事情，都給它一個快樂的思想，就像把一盞盞燈點亮。」曾聽這樣一個故事，說的是有三個工人在砌牆。有人過來問：「你們在做什麼？」第一個人沒好氣地說：「沒看見嗎？砌牆。」第二個人抬頭笑了笑說：「我們在蓋一幢高樓。」第三個人邊做邊哼著歌曲，他的笑容很燦爛、很開心：「我們正在建設一個新城市。」十年以後，第一個人在另一個工地上砌牆；第二個人坐在辦公室中畫圖紙，他成了工程師；第三個人呢，是前兩個人的老闆。

　　透過這個故事，足以說明有什麼樣的心境，就會產生什麼樣的工作態度。什麼樣的工作態度，就會產生什麼樣的工作效果。工作是本分，愛好才是享受；興趣是老師，喜歡才能快樂。如果把自己永遠定位為「勞工」身分，一輩子都在受別人控制，無論多麼富有，但總也擺脫不了對別人的依賴。一生中如果沒有自己的個性空間和人身自由，未免有點悲哀。如果把工作作為生存手段，那麼業餘生活也應該豐富多彩。也許有一天，業餘愛好會成為養家糊口的本領。當工作成為自己的興趣所在，是自己所喜歡做的事情，那一定是很幸福的一件事情。

　　人的能力是不一樣的，但不管能力大小最重要的是有一顆強烈的責任心去做好工作。很難想像，一個對工作沒有熱情、沒有責任心的人，會始終如一高品質地完成好自己的工作，更別說創造性地發展工作了。只有具備了強烈的責任意識，工作才不是差事，負責才不是負擔；只有具備了強烈的責任意識，工作才能有熱情，負責才能有主動。唯有如此，我們才有機會體會到工作帶來的種種快樂。

　　因此，無論我們在工作中付出了多少，也不管最終收穫了多少，我們都有權利選擇快樂，因為我們已經盡職盡責了，而無論成敗得失都一樣是工作的過程，都一樣可以給我們帶來快樂，因此，工作著是美麗的，工作著是快樂的。

# 第 21 堂課

糊塗 —— 人生在世，難得糊塗

# ‖ 大事要上心，小事別認真 ‖

　　每一個人都知道，做人難這個道理，人人都想活得輕鬆一點，都不想在別人面前丟臉，不想被別人為難。然而，在生活中我們卻經常有意無意地去為難別人，或許你並未察覺到是怎麼為難別人的，或許你覺得自己所做的一切都是合情合理的，可那只是你站在自己的位置上考慮的結果，如果做一下換位思考，你就會明白其中的緣故。

　　在我們做事或要求別人做事的時候，表面上看來是一視同仁的，但是對結果的處理卻往往大不相同，我們在向別人提要求的時候很嚴格，要求自己的時候本來也很嚴格，但在做事的過程中，或面對結果的時候，人們往往不允許別人犯錯誤，卻允許自己犯錯，別人犯錯誤你不但不會給予理解，甚至還橫加指責，不能原諒，甚至做出更加偏激的反應。而自己錯了卻要保持沉默或不允許別人對自己的不是指責評論。

　　分析原因就會發現，自己去做事情的時候，往往都是想努力地把事情做好，最差的願望也是不要被人家笑話或責罵，所以每一步都很認真，盡量做到萬無一失，但是往往事與願違，或者會有些意想不到的麻煩，經常會考驗我們每個人的智慧和毅力。在處理所犯錯誤當中，每個人的表現就會大相徑庭，一個人由於智商不同，毅力不同，所以行為方式就會相差甚遠。本來，由於你的智商高，你才成為了別人的上級，下級的水準一般不如你，所以做事的水準也自然是不如你，按理你應該理解他。可是這時候你卻拿自己的標準去要求他，當他做不到或做不好的時候，你沒有去冷靜的考慮，只有氣憤和衝動，這就是人們常說的「和他一般見識」，可以說是自降了自己的身價，把自己降到了和他一樣的智商水準。我們的確是不好原諒每一個人，這其中也包括我們自己了。

　　很多時候，我們都太喜歡計較了。為了名，為了利，即使是蝸角浮名，蠅頭小利。計較到最後，得不償失，白白讓自己身心負累。其實斤斤計較得來的東西也不是自己想要的，就是為了一個面子。有的時候，你計較來的東西，就像空中樓閣，會在你得到的瞬間轟然倒塌。為了一個小小的誘餌，使你丟掉了本應屬於你的東西，比如時間，比如心力，比如平和的心境等。

　　有句古話叫：「做人留一線，日後好相見。」所以說為了自己，做人不要太計較。當你是一位主管的時候，你要全面地考慮問題，你要好好地要求自己，身先示範，這樣才有資格去要求別人。當你是一位家長的時候，同樣你要給孩子做出榜樣，不可以隨意放縱自己，不可以教壞孩子還去指責孩子，因為你是孩子的無時不在的老師。當你是一位愛人的時候，同樣的家庭責任在你的肩上，你也應該首先必須去做好，盡到自己應盡的家庭責任，否則你無權指責對方。當你是一位不曾相識的擦肩而過的過客的時候，你是否要求自己去善待每一個人，你是否願意去理解別人，是否願意去助人為樂，是否會原諒別人不經意間不小心對你所造成的一點點傷害。

　　不如不計較，不計較，該是你的還是你的；不是你的，你去計較也會失去。不計較，就沒有錙銖必較的狹隘，你的胸懷就會豁達一些；不計較，就沒有對手間的劍拔弩張，你與別人之間的關係就會很和諧。有的時候，人應該像植物一樣生存。不去計較陽光雨露，大自然也會恩賜給你；不去計較地盤，大自然也會給你生存的領地。生在園圃裡，就以嬌豔的姿態生存；生在瓦礫裡，就以不屈的姿態生存；生在岩縫裡，就以倔強的姿態生存。不計較，得之淡然，失之泰然，心境平和一些更好。如果，你有這份不去斤斤計較的心，你的心態每時每刻都是積極的陽光的，你的世界就會充滿了美好與快樂。

　　所以，不論何時何地，請不要太計較，對自己應該要求嚴一點，對別人應該多理解一點，你得到的也許是更多的理解、尊重、幸福和快樂。

# ‖ 人生要學會「藏智」‖

　　一個人幸福，不是擁有的太多，而是計較的太少。一個人快樂，不是因為他擁有很多，而是計較的少。很多時候，一個人過於理性，反倒不是一件好事了。做人糊塗一點，與大家相安無事，皆大歡喜。難得糊塗，知足常樂。生活中，會糊塗的人是一種境界，只有飽經風霜的人，生活坎坷的人才能深得其中的真諦。

　　難得糊塗是清人鄭板橋的名言。相傳鄭板橋在遊覽萊州去峰山時，借宿於山中一儒雅老翁的茅屋，該老翁自稱「糊塗老人」。其家中陳列一方桌般大小的硯臺，石質細膩、鎪刻精良。鄭板橋大開眼界，讚嘆不已。次日晨，老人請鄭板橋題字：以便於刻於硯背。鄭板橋即興題寫了「難得糊塗」四個字，後面蓋上「康熙秀才、雍正舉人、乾隆進士」方印。因硯臺大，尚有餘地，板橋就請老人寫上一段跋語。老人提筆寫道：「得美石難，得頑石尤難，由美石轉入頑石更難。美於中，頑於外，藏野人之廬，不入富貴門也。」他也用一塊方印，字為「院試第一、鄉試第二、殿試第三。」鄭板橋見之大驚，方知老人是一位隱居於此的高官。由於感慨於「糊塗老人」的命名，板橋又提筆補寫道：「聰明難，糊塗難，由聰明而轉入糊塗更難。放一著，退一步，當下心安，非圖後來福報也。」兩人如遇知音，相見恨晚，遂談文說詞，暢談人生，結為摯友。「難得糊塗」由此而來。

　　人是一種複雜的動物。看到別人比自己好，會眼紅，會說三道四。當你成功的時候，會有很多人讚賞；也會有一些人在後面惡意中傷你。當你

受到中傷時，你會很生氣，你想為自己辯解；可是你完全沒有必要這樣做。你的努力別人早已看在眼裡，知道你的成功是透過努力得來的。你只需「糊塗」待之，「走自己的路，讓別人去說吧」。人家便會發現是別人的嫉妒心理在作怪，進而譴責中傷你的人。這樣做，既可以避免你和他人的衝突，也會讓人覺得你是一個心胸寬廣的人。

一些論人是非的事知道了裝作不知道的好。「糊塗」是給人家留面子，為自己找臺階。當主管在會議上做出不妥當的決定的時候，你可以裝片刻的「糊塗」。千萬不要直言主管決定的錯誤，要尊重他，為他留面子。會後，你再單獨向他指出，主管不僅會覺得你是一個很有修養的人，而且會愉快地修正自己的錯誤決定。如果你當面就說主管的決定是錯誤的，主管會覺得顏面盡失，進而記恨你，你也會弄得非常尷尬，而且也很難達到糾正錯誤決定的目的。

「糊塗」是一種技巧，如果整天為一些雞毛蒜皮的小事而浪費自己的精力是不值得的。如果事事和別人計較，爭個你死我活。你會覺得自己活的很累，不會有快樂的感覺。明明聽見別人講你的壞話，你還裝作沒事發生，依然對他面帶笑容，這不是一種無能的表現，而是學會坦然。誰人背後無人說，誰人人前不說人。人生太短暫了，你把這些時間投入到工作和學習上來，會更能展現生命的價值。

「糊塗」是一種豁達。只有心中有大目標的人，才會對鎖碎小事不屑一顧，只有著眼大局，才能做中流砥柱。「糊塗」是一種品德。只有名利淡泊、寧靜致遠的人物，才能內涵豐富、底蘊深厚，以平常之心、平靜之心對待人生，泰然安詳。「糊塗」是一種智慧，它能使你在紛繁變幻的世道中，看透事物，看破人性，知人間風雲變幻，掌握事情的輕重緩急，舉重若輕，四兩撥千斤。「糊塗」是一種氣質，它能使人超凡脫俗，胸襟坦

蕩，氣宇軒昂，灑脫不羈，包容萬象。

「難得糊塗」不是凡事都裝糊塗。「糊塗」是有原則的「糊塗」，是一種理性的「糊塗」，是為了更好地提高做人的藝術水準的「糊塗」。

漢高祖時期，蕭何是西漢的相國，他死後，推薦了曹參接替相國；而曹參聽說蕭何死了，馬上就叫人準備行李動身，說自己一定要當相國了。可見這兩人的自知、知人的本領都非同一般。曹參當了相國，找了一些老實厚道的人當下屬，而把原來那些精明幹練之徒全趕走，然後就什麼也不做了。「日夜飲醇酒」。別的大臣看他太不務正業了，想勸勸他，曹參不等這些人開口，就強拉他們一起喝酒，把人家灌個酩酊大醉，什麼也說不出來了。漢惠帝看他這副樣子，也很不理解。但曹參是高祖時的功臣，又不好直接說他。於是，就把他的兒子找來，讓他回去問父親：「高帝剛去世不久，現在的皇帝還年輕，您當丞相，整天喝酒，是不是嫌皇帝少不更事，不值得您輔佐呢？」但不許說是皇帝讓問的。兒子回去問曹參，曹參把兒子打了二百鞭子，發怒說：「國家大事沒你說話的分！」惠帝沒有辦法，只好說，是我讓問的。曹參這才免冠謝過，問惠帝道：「陛下自己覺得您比高帝如何呢？」惠帝說：「哪裡敢比呢？」又問：「那麼您看我比蕭何怎麼樣？」惠帝說：「您似乎比不上。」

曹參這才說道：「陛下之言是也。且先帝與蕭何定天下，法令既明，今陛下垂拱，參等守職，遵而勿失，不亦可乎？」曹參為相三年，老百姓歌頌道：「蕭何為相，順若畫一，曹參代之，守而勿失，載其清靜，民以寧一。」

當宰相整日飲酒作樂，不理政務，不能不說是糊塗；知道自己本來就是塊糊塗料，索性於糊塗之中而求大治，假使這位曹相國偏不服氣，一定要改弦易轍，做出點屬於自己的政績，那恐怕會造成難以收拾的混亂局

面。現實當中的一些人，就常犯這種毛病。新官上任，生怕別人說自己無能，三把火亂燒一氣，結果搞得烏煙瘴氣。世界是複雜多樣的，橫看成嶺側成峰，沒有一成不變的事，沒有一定的不移之規，不可能像想像中那樣涇渭分明。所以人生要學會「糊塗」，在糊塗中尋找人生的哲理與智慧。其實，糊塗哲學本身就是關於人的智慧的學說，具體說來包括了知、情、意三個方面，在「知」的方面，「糊塗」就是承認人的認知的局限性，不過度地依賴和賣弄自己的智慧。勿恃小智，勿弄奇巧，息競爭心；它包含了大智若愚，藏巧於拙，順乎自然無為而治，謹言慎行因勢利導，精益求精善乎其技，虛心納諫博採眾長，居安思危留有餘地等範疇。在「情」的方面，就是安貧樂道，隱忍退讓，息貪欲；它包含安守本分勿事強求，淡泊名利寧靜致遠，樂天知命知足常樂，隱忍退讓與世無爭等等。在「意」的方面，就是淡泊明志，立身端方，寧清正節；包含寵辱不驚功成不居，嚴以律己寬以待人，守正不阿潔身自好等。「糊塗哲學」是一門很深的學問，需要每一個人在自己的人生道路上親自去感受。

## 耍小聰明誤大事

小時候，我們都聽過一篇叫〈狼來了〉的故事，文中的那個小孩把耍小聰明作為自己娛樂的方式，那麼，到頭來受到傷害的還是自己。一個人犯了錯誤就要老老實實承認，並想辦法解決，不要試圖耍小聰明掩飾。做事情就誠實守信，不要貪圖小利丟了原則。心機用得過多，便容易不得要領，或自壞其事，或自相矛盾。聰明是件好事，小聰明卻不然。

西方有這樣一種說法：法國人的聰明藏在內，西班牙人的聰明露在外。前者是真聰明，後者則是假聰明。法蘭西斯·培根（Francis Bacon）

先生認為，不論這兩國人是否真的如此，但這兩種情況是值得深思的。他指出：「生活中有許多人徒然具有一副聰明的外貌，卻並沒有聰明的實質 ——『小聰明，大糊塗』。冷眼看看這樣的人怎樣機關算盡，辦出一件件蠢事，簡直是令人好笑的 —— 凡這種人，在任何事情上都言過其實，不可大用，因為沒有比這種假聰明更誤大事了。」

　　人們常說：「占小便宜，吃大虧」、「是金子總會發光的」。如果你是真正的聰明，就不要總是在別人面前隨便地「賣弄」你的聰明。那樣，不但使你的聰明變得廉價，有時還會給你惹來不必要的麻煩。成功需要的是智慧，不是自以為是的小聰明。小聰明在時間面前不堪一擊，若真的是個聰明人，就不會耍小聰明，這樣，至少可以避免弄巧不成的難堪。

　　宋代著名文學家蘇東坡在第四個兒子出生時，按照當時習俗，為剛滿月的兒子行洗兒禮。他感嘆自己的身世，藉此寫了一首著名的自嘲詩「洗兒戲作」。詩曰：「人皆養子望聰明，我被聰明誤一生。唯願孩兒愚且魯，無災無難到公卿。」蘇東坡這首詩歌，語言淺白易懂，情感卻跌宕起伏，表面上是為孩兒寫詩，而實際上既諷刺了權貴，又在「似訴平生不得志」。我們一般人都希望自己的子女聰明，但蘇軾想到自己一生雖然聰明，卻屢遭磨難，心中感到不平。他認為自己雖然聰明，卻仕途坎坷，還不如做一個愚鈍粗魯之人，這樣也不會對人生看不慣，給自己帶來許多禍患了。詩人之所以說「我被聰明誤一生」，並非是希望自己不聰明，而是用來自嘲的憤世嫉俗的反語。蘇東坡之所以發出「唯願孩兒愚且魯，無災無難到公卿」的願望，這是在自己飽受人生磨難後的不平之語。但是此詩揭示出來的一種社會現象 —— 聰明人不免會受打擊，「愚且魯」者卻能「無災無難到公卿」—— 倒是千真萬確的。不僅宋代如此，整個封建社會莫不如此。其原因也不難理解，在位者大多忌才，只想用奴才，不想用人

才，唯恐人才壓倒自己。即使在不得已的情況下用了人才，遲早也不免要加以打擊。因此，聰明人走運的時候少，倒楣的時候多。

《三國演義》中的楊修也是一位「聰明反被聰明誤」的典型人物。楊修是一個絕頂聰明、極具才華的人，但是他不知謙虛，鋒芒畢露，到處耍自己的小聰明，結果最後被曹操所嫉，招致殺身之禍。楊修曾輔佐曹植，一天，曹操命令曹丕、曹植兄弟各出鄴城門外做事。事先又密令門衛不得放行。楊修猜中了曹操必然有此安排，便事先告訴曹植說，萬一門衛不放侯爺出去，侯爺身有王命，可以殺了他。結果曹植出了城，曹丕沒出去。但曹操的這一安排，是對兄弟倆的綜合考察，既要察其才，更要察其德。曹植表面上贏了這場比賽，卻給曹操留下了曹丕仁厚、曹植殘忍的印象，實際上輸了。楊修知其一，不知其二。還有一次，曹操去視察新建的相國府，看後不置可否，只讓人在門上寫了個「活」字。楊修便令人將門拆掉重建，說：「門」中「活」，就是「闊」，丞相是嫌門太大了。有一次，有人送給曹操一盒酥糖。曹操吃了一口，便在盒子上寫了個「合」字交給眾人。眾人不解，楊修卻接過來就吃，並說：不是「人一口」嗎？如果說這尚屬雕蟲小技，無傷大雅，那麼，他在軍中的表現就會讓曹操大起殺心。西元 219 年，曹操親率大軍，從長安出斜谷，進軍漢中，準備和劉備決戰一場。誰知劉備斂眾據險，死守不戰。曹操欲攻不得進，欲守無所據，戰守無策，進退兩難。還有一天部下向他請示軍中口令，竟應答以「雞肋」。楊修聽了，立即收拾行李。大家忙問何故，楊修說：「雞肋這玩意，食之無味，棄之可惜，主公是打算回家了。」楊修的種種聰明之舉，引起了曹操的嫉恨，曹操最後以惑亂軍心的罪名，將楊修處死。

一個人即使很聰明，也應該不露鋒芒，不在生活中故意顯示自己的聰明，而是低調做人，從來不向人誇耀自己，抬高自己。學會看慣生活中的

不平現象，以包容的心態來對待。只有在生活中不耍小聰明，才能夠保全自己，不至受到別人傷害。如果你自作聰明，凡事都想顯露自己，結果往往會「聰明反被聰明誤」，最後只有自食其果，甚至還會因此丟掉身家性命。

# 第 22 堂課

## 原諒 —— 原諒他人，快樂自己

# ▎寬恕是最大的勇氣 ▏

在這個世上，完美是每個人都在追求的東西，但遺憾的是，從來沒有真正的完美存在。具體到我們人類也是如此，任何一個人都不可能不犯錯，當一個人犯過錯以後，如果他有悔改的意圖，我們就應該勇敢的寬恕他，給他一次改過自新的機會，也許，正是你提供的這次機會，改變了一個人的一生。

比丘尼佩瑪·丘卓（Pema Chödrön）曾說過：「寬恕似乎是無法勉強的。一旦能勇敢地敞開心胸面對自己，寬恕便自然出現了。」幾乎每個人眼中的世界都是不完美的世界，眼中的他人是不完美的他人，眼中的自己是不完美的自己。我們常常會有憎恨、憤怒與煩惱。我們總是在譴責與自我譴責中不斷切換。我們知道這樣似乎不好，應該更寬容，更平和，可是我們就是無法放下那些譴責與自我譴責。我們不知道該怎麼去寬恕自己，更不知道如何寬恕別人。

寬恕本身是一種無條件的愛，如果我們心中沒有愛，是不可能寬恕的。如果我們心中的愛是有條件的，那只是心智層面的愛，不是真正的愛，也是不可能寬恕的。當我們感受到自己的本體，感受到對自己的愛，就能夠寬恕自己。寬恕自己意味著接納自己，也就是我必須放棄自我譴責。我們常常無情地貶低自己，覺得自己的存在沒有價值，不值得被愛，不值得成功，甚至不值得存在。這是心智對我們本身的審判，是心智予取予求的一種表達。有一句法國諺語說：能夠了解一切事物就能夠寬恕一切事物。當我們看清這一點，這種自我譴責便會消失，我們自己也就得到了寬恕。

至於寬恕他人，心靈大師伯特·海靈格（Bert Hellinger）說：「人是沒有權利寬恕別人的，寬恕他人是一種僭越。」每一個人都是一個世

界，無數小世界又共同組成了一個世界。當我們能夠覺察到這一點，我們在寬恕自己時也就寬恕了世界。寬恕是要先從自己的內心開始。唯有寬恕了自己，我們才能寬恕別人，或接受別人的寬恕。寬恕是無條件的，雖然我們學習寬恕的過程中難免還會障礙，但只要你堅持，總會取得成功的。寬恕是一個永無止境的過程，每個人都應該懷著寬恕的心態來練習寬恕。

每一個人都有犯錯的機會。在這個世界上生活的時間越長，就越會明白寬恕的重要作用。所以，每一個人都應學會寬恕和請求寬恕。

第二次世界大戰時期，有一支部隊在森林中與敵軍相遇，激戰之後有兩名戰士掉隊，與部隊失去了聯繫。在之後的日子裡，兩個人在森林中艱難跋涉，互相鼓勵。十多天之後，他們仍舊沒有找到部隊，食物也早已吃光。但幸運的是，他們打死了一隻雄鹿，依靠鹿肉繼續活了下來。但又很多天過去了，他們仍舊沒有部隊的資訊，更要命的是他們再沒發現任何可以果腹的食物，唯一的一點鹿肉背在年輕戰士的身上，那是他們生命的最後一點希望。

這天，他們在森林裡遭遇埋伏，與敵人激戰後，他們又幸運地甩掉了敵人。正當他們以為安全活下來的時候，走在前面的戰士突然中槍倒在地上。後面的戰士聞聲跑過來，他情緒惶恐語無倫次，抱住戰友的身體淚流不止，然後撕下自己的衣服為戰友包紮。第二天自己的部隊經過這裡，他們奇蹟般活了下來。30年後，那位受傷的戰士說：「我知道是誰開的那一槍，他就是我的戰友。在他抱住我的時候，我碰到了他發熱的槍管，但當天晚上我就寬恕了他。戰爭是非常殘酷的，他的媽媽還沒等他回來就已經過世了，他邀請我參加了葬禮，並在葬禮上跪下來請求我的原諒。我沒有讓他說下去，而是繼續親密無間地做了30年朋友，因為我沒有理由不寬恕他。

　　一個人，或許能諒解別人的固執己見、傲慢無禮、自以為是甚至狂妄無知，但卻很難對同人的惡意誹謗和致命傷害視而不見。傷疤永遠是存在的，但我們不能活在過去的仇恨當中。只有以德報怨，寬恕他人，自己才能獲得心靈上的解脫，獲得溫馨、仁慈、友誼和愛。一隻腳踩扁了紫羅蘭，它卻把香味留在那腳跟上，這就是寬恕。正如聖雄甘地（Mahatma Gandhi）所說：「弱者永不寬恕，寬恕是強者的特性。」所以，那些有仇必報的人展現的正是自己的虛弱，而能夠寬恕的人，卻恰恰證明了自己的強大。

　　「它不可能賣得好，我敢打賭，如果能夠超過 100 萬本，我就把鞋子吞下去。」某脫口秀主持人對美國前總統柯林頓妻子希拉蕊．柯林頓（Hillary Clinton）寫自傳這件事冷嘲熱諷，但讓他想不到的是，希拉蕊自傳面市之後，不到一個月銷售突破 100 萬冊，並榮登暢銷書排行榜。可憐的主持人該品嘗鞋子的味道了。確切地說，他的確吃了鞋子，只不過，這鞋子的品質不同尋常。主持人吃到的是總統夫人特地為他定做的「鞋子蛋糕」。那肯定是一次終生難忘的美食之旅，因為裡面加了一種特殊的食材 —— 寬恕。

　　的確，這就是希拉蕊對冷嘲熱諷的回擊方式，不是猛烈抨擊，也不是揚揚自得看對方啃一隻臭鞋，而是以寬恕之心奉送美味蛋糕。既為對方保存了顏面，又很得體地展現了自己的立場，可謂贏得乾淨漂亮，令人肅然起敬。希拉蕊的表現，讓人們聯想到「巾幗不讓鬚眉」這個詞語。她寬恕，更顯示她的強大，這既是個人素養，也是一種高明智慧的展現，所謂「相逢一笑泯恩仇」，正是強者風範。如春秋戰國蘇秦者，要掛著六國相印四處風光，挖苦嫂子前倨後恭，實則是一個說客的虛弱。我們有時難免也扮演這樣的角色，曾經在老闆面前攻擊過你的同事，當他陷於麻煩時，我們常常在旁邊幸災樂禍。

在我們的生活中很少有那種大奸大惡之人，無非是與生俱來的一些缺點，該寬恕時，沒有必要斤斤計較。假如曾經諷刺、排擠、傷害過你的人落難，你是落井下石還是寬容以待，可能會決定和改變很多東西。

# ｜別拿他人的錯誤懲罰自己｜

「生氣是拿別人的錯誤來懲罰自己。」是德國哲學家伊曼努爾·康德（Immanuel Kant）說過的一句話。從這句名言誕生至今已經有兩個多世紀了。200多年間世界發生了很大的變化，沒有改變的是，康德曾經警示過我們不要犯的錯，在這個世上還有很大的市場。如果留心，你就會發現，生活中拿別人的錯誤懲罰自己的例子屢見不鮮：下級犯了錯，上級很生氣，脾氣火爆、聲色俱厲，傷的其實是自己；上級作風官僚，下級很生氣，煩悶憋屈、憤憤不平，傷的其實是自己；同事之間磕磕碰碰，惹人生氣，怒火中燒、互相攻擊，傷的其實還是自己；鄰里之間雞毛蒜皮的小事，爭吵不休，傷的其實也是自己。錯誤應該受到懲罰，但未必要透過生氣來實現，既然錯誤在他，為何你要生氣？別人犯了錯，而你去生氣，豈不正是拿別人的錯誤來懲罰自己？

俗話說：「氣大傷身。」生氣對人體的傷害主要有令腦細胞衰老加速、長色斑、胃潰瘍、心肌缺氧、傷肝、甲亢、傷肺、損傷免疫系統等。也許很多人認為生氣是人生在世不可或缺的，因為我們一向都在讓自己不好過，我們容易過度在意負面的事物，而且不肯輕易罷手。有人專門對生氣做過研究，結論令人吃驚，人們日常生活中所生的氣，大多是不該生的氣。以下舉幾個例子：他人無意或在不得已的情況下「冒犯」了你。如在人行道上擦肩，公車上被人踩了一腳，飯店用餐時服務員失手弄髒了你

的衣服等等，這些都屬於不該生的氣。還有就是在特殊情況下發生的一些事。如：人在患病或心理不健全時，或酒後，或極度憤怒時，言行容易反常，常會「出言不遜」，損害他人自尊心，或做了危害他人的事。微不足道，雞毛蒜皮般的瑣事。如買水果少了幾顆，戀人煮菜燒焦，孩子失手打壞了東西等等，這類事情都不值得生氣。如為這些小事生氣，你應該平心靜氣承認自己的缺點 —— 度量太小；流言、傳言、小道消息，不必去聽，聽到了也不可輕信，更不該因之而生氣。對傳言首先要冷靜對待和思考一下，即使背地被人議論幾句又有什麼大不了的。上述種種都是不該生的氣。如果每個人在一生氣時能理性思索一下，就一定會發現，絕大多數的氣是不該生的，這樣，你的怒火自然會漸漸消除。

其次，主動消氣，越快越好。有人提出一個很好的建議，生氣不超過三分鐘。消氣越早、越快越好。當然，說起來容易，做起來不容易。因為人在生氣時，氣往上升，心胸變得狹隘，好鑽牛角尖兒，這是消氣的主要障礙。為克服這一障礙，你可以嘗試以下幾種方法改變：一是立即離開生氣的現場和惹你生氣的人，找個清靜的地方去看書或做別的事。此謂「躲避法」。找知心朋友或其他自己信賴的人，向他（她）訴述自己內心的不平，求得他（她）的安慰、疏導與調節，這就會加速消氣的進程。這就是所謂的「宣洩法」。二是到室外散步，到附近的公園遛遛，或打開答錄機，聽幾首自己喜愛的歌曲或音樂，把注意力轉移到其他事物上去，心裡的氣自然會漸漸地消除。此謂「轉移法」。三是乾脆立即從事自己心愛的技藝，去唱歌，去跳舞，或去揮毫潑墨，此謂「昇華法」。莎士比亞說：「人的不幸福，往往是因為在該用理智的時候用了情感，而該用情感的時候卻用了理智。」對於本身性格比較急躁，容易情緒激動的人，一定要三思再三思再去行事，才能避免衝動引發的後患。

在生活中，人們常常會生氣，一生中永遠不生氣的人是不存在的。現實生活中，人們為別人的錯誤而懲罰自己的事是屢見不鮮的，例如：當有人在婚姻中遇到不幸，比如說一方出軌了，背叛了對方，使對方的身心受到嚴重的打擊和傷害，遇到這種情況，有的人就是對婚姻感到失望，甚至在生活中拒絕再次尋找生活伴侶，因為他們的心已被第一次婚姻傷的太深，在心理上已埋下了深深的陰影，以致無法打破這心靈上的沉重枷鎖。要知道，這種為別人的錯誤而放棄自己婚姻幸福是非常愚蠢的做法，是拿別人的錯誤懲罰自己。

既然生氣是日常生活中無法避免的現象，那我們應該以怎樣的態度和方法去對待呢？可以看看拿破崙時代法國最著名的外交家和政治家夏爾‧莫里斯‧德塔列朗-佩里戈爾（Charles Maurice de Talleyrand-Périgord）是怎樣做的，此人是法國歷史上有名的政壇「不倒翁」。有一次，在別人罵他時，竟呼呼大睡起來，絲毫不把別人的辱罵當回事，更別說生氣這樣的事了。德塔列朗曾這樣說道：「要控制自己的最初反應，它幾乎總是發自內心的。」有人這樣評論他：「德塔列朗始終不動聲色 —— 我們知道，即便你在他腰上猛踢一腳，他也不會露出一絲意外。」德塔列朗一生中有無數次的背叛他主子的行為，所以當他在世時，就受到同時代許多人的批評。但在這裡，我們不從政治上去討論這個人物，只是要記住康德所講的這句話：「不要拿別人的錯而懲罰自己」，要學會忘卻，要把自己的目光放在未來的生活之路上。

# ∣ 不要得理不饒人 ∣

在人生旅途中，相信每個人都會遇到一些令自己傷心，痛苦，憤怒的事情。它們大多是來自親人、朋友、伴侶、同事帶給自己有意無意，或多或少或深或淺的傷害。這些經歷都會讓我們心生怨恨，委屈不甘。甚至陷入深深的怨恨之中無法自拔。那是一種有苦說不出的痛，是久久不能釋懷的掙扎。陷在其中的人是一種無語言狀的悲哀，更是一種欲說還休的無奈。是一種蒼涼，一種哀痛，一種心淡到心死的過程。走不出怨恨的心作繭自縛，傷痛的心似千斤重，看不到明媚的陽光，找不到快樂的天地。

原諒，就是一種包容，一份愛心，一種慈悲更是一種解脫。拋開心中怨恨、不滿和不甘，不要讓這些令人窒息的情緒壓迫你沉重的心靈；它們會像滿天的烏雲遮住了的陽光，使你的雙眼看不到光明，感受不到人間的歡樂，你若是長久地任其在心中蔓延生長，它就會像花園裡的雜草，四處叢生，無法控制；原諒那些令你生氣的人，讓所有蒙蔽在心靈的烏雲隱退，沉重如鉛的怨恨將放下，讓一切的不甘煙消雲散，心情自由快樂的飛翔。

生命是短暫的，匆匆數十年；生命是脆弱的，許多人和事我們都無法一一掌握。過去了的光陰似箭，未來的歲月不可預知。在有限的時間裡，有太多美好的事物值得我們去追求；有太多的文字等著我們一一去領悟，太多的自然美景等著我們去探索；更有許多的美食等著我們去品嘗；與其把大量的時間浪費在記恨上，不如用來好好地享受生命，享受快樂，享受愛與被愛。

原諒別人，就是成就自己。用一顆包容的心去原諒別人，你會發現自己的涵養提升了好多。原諒別人是一種良好的無言教育，這種教育方法效果就是我們常說的：「此時無聲勝有聲。」原諒別人，給予別人改正錯誤

的機會，更能使自己和別人建立一座美好的橋梁。按著這個原則去做，家庭就會和睦，朋友就會和合，社會就會和諧。原諒是對過失的一種寬容。原諒別人能使自己有悔過自新的空間，而原諒自己會使自己不思進取，反而倒退。

現代社會中，人們往往都能接受、容納自己的過失。原諒自己非常容易，做錯了事情可以原諒，違背了道德也可以原諒，傷害了別人也可以原諒，好像一切對與錯都可以原諒。相反，原諒別人就不是這麼簡單了，對工作、事業、親戚、朋友等等，一點雞毛蒜皮的小事，都會斤斤計較，好像眼裡容不得半點沙子一樣。原諒自己容易，原諒別人很難，我們要學會原諒別人！但是原諒別人之後，我們還要學著糾正自己。處處原諒自己，會害了自己，使缺點顯露無遺，所以糾正自己要嚴厲，把自己的缺點一一改正，並想想過去的缺失，警惕自己絕不可以再犯，使個人的言行舉止都對得起自己，也對得起別人。

擁有一顆寬容的心，處處包容別人有心無心的過失，經常想著這是原諒別人最基本的原則，循著這個原則去學習，原諒別人就容易多了。生活中我們要學習佛陀那種博大的胸懷去原諒別人的一切，使別人在原諒的過程中悔過，改惡為善，樹立起正確的人生觀和價值觀。自古以來、凡有大成就的人，都會原諒別人，包容別人。其實以原諒來教育別人，是世界上最美的教育方法；以原諒來教導是世界上最管用的管理方式。批評只能帶來怨恨，原諒則可以建立更好的友誼。原諒別人是最美的境界！原諒別人不僅成就了別人，同時也成就了自己。原諒別人，自己的人格得到了昇華；原諒別人，自己的心靈得到了淨化；原諒別人自己的道業就有所成就。原諒是一種美德，原諒是一種素養，原諒也是一種美麗的境界，原諒別人多少，自己所獲得的利益就有多少。

　　怨恨永遠沒有辦法化解怨恨，只有慈悲、包容、寬恕、原諒才能化解怨恨。原諒別人是一種豁達，原諒自己是一種釋懷，學會了原諒你會發現你輕鬆了、愉快了、自信了、成熟了。有時候，朋友的一些言語和做法也許傷害了你；家人、同事的誤會讓自己苦惱；生活中有很多事讓自己並不如願，甚至痛不欲生；我們應該換一種思維方式學會原諒別人，因為不原諒別人往往是出於我們自己的狹隘、自卑、虛榮、放不下面子。原諒了別人，一切就變得開朗了。你一腳踩在了盛開的鮮花，鮮花留給你腳的是花香；你一把推開了一門窗，窗外吹來了一陣清新的芬芳；你翻過了一座山，就會發現山那邊的風景更加迷人。

　　人的生命也就是短短幾十年的光陰，苦也一天，樂也一天，所以，我們要學會原諒，讓自己快樂。學會原諒你就會發現那些自信、充實、豁達、大度、生活幸福的人都比較容易原諒別人，也許正是因為他們不太計較生活中的那衝突和矛盾，才獲得了良好的心態和幸福的人生。仇恨，是一個惡性的循環，原諒，是一個良性的開端。

　　學會原諒，去擁抱辜負了你和你所辜負的人。原諒他給你帶來的傷害，原諒一切可以原諒的一切，把所有的恩怨，讓歲月去磨平，所有受過的傷，都隨著滾滾的大浪而遠去吧！

# 第 23 堂課

## 成功 —— 幸福無學，成功有道

# ｜肯堅持，你就成功了一半｜

曲折可以加速人的意志成熟；坎坷可以錘鍊人的人格成熟；挫折可以培育人的性格成熟。筍芽在春的召喚下努力地衝破層層泥土的阻撓，最終成就了生命的綠；溪流在海的呼聲中堅強地繞過千山萬水的阻隔，最終成就了大海的魂；細沙在貝的召引下執著地包裹在貝分泌的白色黏液中，最終呈現珍珠的韻。因為筍芽、溪流、細沙都知道這麼一個道理：堅持的昨天叫立足，堅持的今天叫進取，堅持的明天叫成功。

人人都有理想，但不是每一個人都能夠實現自己的理想；人人都在現實中活著，但不是每一個人都能夠正確認識自己所處的環境。於是，有一部分人展開了翅膀飛向了理想的天空，有一部分人卻駐足在原地停滯不前。

或許生活真的不公平，讓一些人生來就是那麼備受矚目的一顆明星，卻讓另一些人待在被遺忘的角落裡。如果你這樣想，那你就錯了。上天賜予每一個人的都是一樣的多的，關鍵看你有沒有發現。人有思維，有智慧，有戰勝一切的勇氣，有堅持不懈、永不言棄的幹勁。難道這些財富還不夠我們去珍惜？海倫·凱勒雙目失明、兩耳失聰，卻努力地從一個讓人同情默默無聞的小女孩變成讓全世界尊敬的女強人。如果生活真的不公平，那麼，生活對她的不公平可謂到了極致。她完全可以放棄她的夢想躲在陰暗的角落裡放聲痛哭，沒有人會責怪她，她也完全可以躺在床上或坐在輪椅上，像一個植物人一樣由人服侍。可是這一切，她都沒有做，她只是吃力地在老師的幫助下學習盲語，觸摸著事物，僅僅憑著她永不言棄的信念和堅持不懈的意志，她把她理想的天空塗上了人生最亮的色彩。

有人說：不幸是人生最好的導師。於是，不幸的路德維希·范·貝多

芬（Ludwig van Beethoven）奏出了《生命的交響曲》；不幸的史蒂芬・霍金（Stephen William Hawking）創作了《時間簡史：從大爆炸到黑洞》（*A Brief History of Time: from the Big Bang to Black Holes*）。夢，是誰都可以做的；夢想，是完全可以實現的。如果你依然因為生活表面上的不公平而黯然神傷，如果你依然因為前進途中的挫折而長吁短嘆，如果你依然因為流言蜚語而止步不前，你的夢想可能永遠只能是夢想了。因為你並不能立足於現實，你的夢想沒有成為現實，並不使人感到吃驚，因為這一切都在意料之中。所以，請珍視生活的點滴，善待生命的所有，為了理想而永不言棄，而努力奮鬥。現實是殘酷的，未來社會的競爭將會越來越激烈。但是，生活賜予我們的是一樣的多。正視現實，為了你的理想而永不言棄，我們完全可以一步一個腳印地實現我們的夢想；正視現實，為了你的未來永不言棄，我們完全有能力找尋我們嚮往的領空；正視現實，為了你的成功永不言棄，我們完全可以擁抱輝煌。因為，我們知道，只要堅持——永不言棄，我們的明天才會充滿陽光，充滿成功的喜悅。因為我們都知道：堅持的昨天叫立足，堅持的今天叫進取。

河蚌忍受了沙粒的磨礪，堅持不懈，終於孕育絕美的珍珠；鐵劍忍受了烈火的赤煉，堅持不懈，終於練就成鋒利的寶劍。一切豪言與壯語皆是虛幻，唯有堅持才是踏向成功的基石。歷史如沉沙折戟，自將磨洗；是堅持，讓劉禹錫歷經了「二十三年棄置身」的悲苦後，終成出淤泥而不染的清蓮；是堅持，讓蘇東坡身陷「烏臺詩案」而堅持寫出「老夫聊發少年狂」；是堅持，讓柳永全然不顧衣帶漸寬，而流下了千古佳話；曹雪芹舉家食粥堅持寫下了不朽的紅樓夢；歐陽修年幼喪父篤學成材；匡衡家境貧寒堅持鑿壁借光，終成大學。這些人用親身經歷向我們訴一個真理：堅持，是通向成功的不可缺少的條件。

　　天將降大任於斯人也，必先苦其心志，勞其筋骨。《史記》裡記載了這樣一個人歷史典故。戰國時期的孫臏和龐涓同為鬼谷子的學生，龐涓因為嫉妒孫臏的軍事才能將孫臏欺騙到魏國，設計陷害於他，對孫臏實施「臏刑」，剜去了孫臏的膝蓋骨，打入暗無天日的牢房，將孫臏囚禁起來。為了脫離苦海，尋求自由，一展畢生的抱負理想，孫臏只有拖著鐐銬，裝瘋賣傻，忍飢挨餓，甚至是長睡於豬圈，將豬糞囫圇的吞下。經過不懈努力，孫臏終於得到自由，得到了齊國的重用，成為了齊國的軍師。透過「圍魏救趙」「馬陵之戰」揚名於世，後奮筆疾書寫成《孫臏兵法》傳頌千秋萬代，載入史冊！孫臏從學生時代就立下了自己的偉大目標，定下了人生在世的理想，然後為了自己的理想和目標堅持、堅持、再堅持！

　　現在的社會，貧富差距很大，地位懸殊更大，可以堅持人生目標的人極為可貴，少之再少。步入社會，接踵而至是為了現實生活和家庭生計問題，你學會了隨波逐流，朝大勢所趨的方向越行越近，因為那樣不需要太大的成本付出！你一邊埋怨社會的不公，一邊將你的人生目標改了又改。你一邊把責任推卸給社會現實，一邊覺得自己的改變是理所當然。人生的出路在哪裡？就在你青春的懵懂裡立下一個「偉大目標」，然後信奉四個字：堅持到底！在你踏入社會的第一步開始，你應該從觀眾做起，像個幼稚的孩童一樣給社會大舞臺上年長的長輩們鼓鼓掌，然後一步一步靠近舞臺，坐在觀眾席的第一排，和舞臺上的演員們握握手，交流一下思想和經驗，最後登上舞臺，盡情地展示自己，讓自己的偉大目標被臺下的所有觀眾齊歡吶喊！遊走在社會的激流裡，面對眼前如波濤洶湧的挫折和磨難，你是繞過去也好，勇敢闖過去也好，或是迂迴著過去也好；用一兩年也好，用一二十年也好。總之，你是過去了，那你就找到了自己出路。因為出路就在挫折和磨難的對面，出路通往的方向就是偉大目標。

　　堅持是通往勝利的一扇大門，能堅持多久？那就要看你有多大的耐心，毅力有多頑強，有多大智慧，心裡要樹立一個目標：堅持到底一定就是勝利。

# ｜失敗是通向成功的捷徑｜

　　人生最大的失敗，就是永遠不會失敗和永遠不敢失敗。每當你開始做一件事的時候，失敗可能隨時伴隨著你。如果你害怕失敗，那麼你就將一事無成。每一個做父母的都知道，孩子學走路時不摔跤幾乎是不可能的，而當父母看到孩子在摔跤中學會了走和跑的時候，他們的心情是激動的。

　　事實上，我們每一個人都是在失敗中成長的，誰都不會例外。只有在失敗中，你才能真正學到本領。想超過別人，想要取得成功，那就必須記住孫中山先生的那句名言：「失敗是成功之母！」總結起來，失敗的原因有很多，春秋時期的韓非子說過：「不會被一座山壓倒的人，卻可能被一塊石頭絆倒。」如果你的性格中有自大、自滿等不良因素，那麼你就應該努力改變它，因為這種性格因素，都是極易引發失敗的直接原因，而由這種因素引發的失敗，將會讓你損失慘重。

　　可以肯定地說，沒有人想失敗。因為，失敗大多是一些令人痛苦的經驗，甚至是讓你的人生受到重創的體驗。然而，無論是什麼人，一生順利且從未嘗過失敗滋味的人，估計是不存在的。不管你有多偉大，多麼不同凡響，只要你是一個人，只要你是一步一步地走著你的人生之路，那麼你就或多或少地經歷過失敗，只不過是輕重程度不同而已。

　　當然，我們在日常交往中往往會避開失敗這個詞，因為這會引發對方的不愉快，甚至有些人談失敗而色變。其實，失敗並不可恥，真正可恥

的，是不承認自己有過失敗經歷的人。在人生旅途中，失敗是正常的，不失敗才是不正常的，重要的是你面對失敗的態度是什麼，是否能夠反敗為勝。如果你因為一時的失敗便一蹶不振，那可以這樣說，不是失敗打垮了你，而是你那顆失敗的心把你自己打倒了。失敗對於一個人來說，是一種非常重要的財富，你如何珍惜這種失敗的財富，將成為你決定自己未來的先決條件。所以說，不願意面對失敗與不願意承認失敗同樣不可取，人生最大的失敗，就是永不失敗和永不敢敗。其實，如果你能夠把失敗當成人生必修的功課之一，那麼你就會發現，幾乎所有的失敗的經歷，都會給你帶來一些意想不到的益處。把失敗當作你人生成功的基礎，這是你最好的選擇。

　　發明家愛迪生在製造燈泡時，曾經失敗了八百多次，然後才製造出燈泡的。當時愛迪生失敗八百多次了，一位批評家對他說「你已失敗把八百多次了」，愛迪生說：「是的，我已經成功找出了八百種不適合用燈絲的材料。」這正是，一種失敗便是一種成功，所以失敗也很美麗的。萊特兄弟發明飛機，他們所做的工作也僅僅只是將前人發明的飛機後面的副翼變成了活動的，而這使他們名留青史。失敗往往只是成功的整體缺少了一少部分，你只要努力補上就行，千萬不要「倒洗澡水時把孩子也倒掉。」

　　失敗不是真正意義上的完結，而是新的探索的開始。失敗是一種痛苦，有些人因為害怕失敗，所以不敢行動。這類人雖不會遇到失敗，但也絕遇不到成功。很多人活了一輩子都不知道自己到底有多大本事，都沒有真正享受過他們熱切盼望的幸福。因為他們從來沒試過，沒行動過。失敗在悲觀者眼裡是災難，而在樂觀者眼裡卻是生活的浪漫。有失敗的痛苦，才有成功的歡樂，有失敗的考驗，才有做人的成熟。失敗會使生活波折，從而更添生活樂趣。畢竟只有風雨過後才有彩虹。古語說：「富不過

三代。」過於順利的環境並非好事，只會扼殺人的才華。在失敗面前，至少有三種人：一種人，遭受了失敗的打擊，從此一蹶不振，成為讓失敗一次性打垮的懦夫，此為無勇亦無智者。另一種人，遭受失敗的打擊，並不知反省自己，總結經驗，但憑一腔熱血，勇往直前。這種人，往往事倍功半，即便成功，亦常如曇花一現。通常是指那些有勇而無謀者。還有一種人，遭受失敗的打擊，能夠極快地審時度勢，調整自身，在時機與實力兼備的情況下再度出擊，捲土重來。這一種人堪稱智勇雙全，成功常常蒞臨在他們頭上。

失敗是我們每個人生命中必然具備的一部分。偉大的成功通常都是在無數次的痛苦失敗的累積。劇作家蕭伯納曾經寫道：「成功是經過許多次的大錯之後才得到的。」成功出自對錯誤的學習，因為只要能從失敗中學得經驗，便永不會重蹈覆轍。失敗不會令你一蹶不振，這就像摔斷腿一樣，它總是會癒合的。一夕成功是不可能的。每一個奮發向上的人在成功之前都曾經歷無數次的失敗。我們需要試驗、耐心和堅持，才能汲取經驗，得到成功。不管你是學習操作機器、推銷貨品、談判交易或激勵他人，都要經過這段過程。雖說成功能引發成功，失敗卻未必招致失敗。我們每個人都期望自己獲得成功，但又時時會無奈的面對失敗。細細想起來，我們其實都行走在成功與失敗之間。

所謂成功，也許是建立在無數次失敗的基礎上，成功是要付出辛勤勞動的。有的人，命運似乎永遠對其情有獨鍾，在別人看來，這些人時時有幸運相伴，好事總是光顧他們，有的人，命運似乎永遠與其開玩笑，在別人看來，這些人時時與幸運擦肩而過，好事很少光顧他們。事實上，同一代人，即使在同一個起跑線上，前進的速度也不會一致，更何況還有「青出於藍，而勝於藍」之說呢！

　　所以，成功與失敗的因素很多，成功不能代表一個人的素養，失敗者也不能說明一個人品德有問題，在當今充滿競爭的社會裡尤其是這樣。成功常常使人興奮，失敗常常使人沮喪，這是人之常情。如果失敗不是因為道德缺失，或者違法亂紀，而只是因為知識水準和工作能力的因素而導致的失敗，我們在為成功者獻花唱讚歌的同時，千萬別忘記對「失敗」者給予一些善意的提醒和鼓勵！成功和失敗常常於我們相伴左右，我們一定要正確面對。勝不驕，敗不餒！無論何時何地，都要用道德和法律約束自己，在這個前提下，我們做人就毫無疑問是成功的！至於做事，我們會在失敗中汲取教訓，不斷提升自己的能力，不斷提高，就是在走向成功啊！

## ‖ 做事不要瞻前顧後 ‖

　　人在年輕時候，或多或少都有屬於自己的那份追求。人們或是追求金錢，或是追求名望，或追求權利，或追求崇高的理想信念等等。所不同的是，有的人在這些追求的驅動下一往無前並取得了成功了，而大多數人面臨的，不是止步不前就是難堪的失敗。這其中原因很大程度上是因為敢去想而不敢去做。

　　根據社會上一些成功人士發展軌跡來看，他們有著驚人的共同的特點：那就是敢想，敢做。世界首富比爾蓋茲在 2007 年哈佛大學畢業典禮上講道，他當初創業，就是堅定地認準目標，並矢志不渝、鍥而不捨。他一針見血地指出，不要讓這個世界的複雜性阻礙你前進，要勇敢地成為一個行動主義者。他說：「關鍵的東西是永遠不要停止思考和行動。」「敢想」不等於空想，更不等於胡想。敢想，他主要有兩層意思，一是要有高尚而明確的人生目標，二是這個願望要非常強烈。圍繞這個目標，我們應

該制定一系列切實可行的具體目標和行動步驟。敢想可以使一個人的能力發揮到極度，也可逼得一個人獻出一切，排除所有障礙。不過，光是敢想還遠遠不夠，還得敢做。不要抱怨自己的命不好，行動就是力量。只有行動才可以改變自己的命運。一萬個空洞的幻想不如一個實際的行動。人們總是喜歡憧憬，而不願意按計畫去執行憧憬。那麼，計畫換來的只會是消逝！「敢做」不等於膽大妄為，更不是違法亂來。敢做，也有兩層意思，一是指人必須有冒險精神，必須勇於去做，畏縮拖延永遠不可能成功；二是指我們在追求目標的過程中，要勇敢地面對各種挫折與失敗，不可半途而廢，應該越挫越勇，不達目的誓不甘休。

常聽到一些剛走出大學校門的學生說：我步入社會後，一定要做出一番成績，實現人生夢想！那麼，人生夢想到底怎樣去實現？作為一個有上進心的年輕人，就必須去思考這個問題，其中敢想、敢做、敢當就是做事業首先要考慮的重要因素。

敢想指的是要根據自身的特長、能力，結合自己所學專長及工作特點，確定人生目標。一個有上進心的人，往往會展開想像的翅膀，憧憬著美好的未來。但是好多人隨著時間的推移、工作日子的延長，慢慢地變得困惑、迷茫，對自己的理想一度產生動搖，顯然這是不妥的。因為，這樣的話，你的人生目標將離你越來越遠，最終把你拋棄。所以，實現夢想第一步，就要堅定不移，堅持不懈。

敢做就是要腳踏實地實現自己的抱負。敢想了，接下來就要按自己的想法去做。當你開始新的工作後，無論你的職位如何，收入多少，都要持之以恆。工作中可能會出現偏差，事態的發展不如你所願，而這往往是考驗你毅力和恆心的時候。或許，有人在別人的批評或困難面前退卻了，但也有人堅持下來卻成功了。每個人都盼夢想成真，關鍵時刻是看有沒有克

服困難的勇氣和決心，要用理想信念引領著自己，一定要勇往直前，絕不能中途退卻，退卻就意味著失敗。

　　敢當是要勇於承擔責任，在是非面前絕不推三阻四。有想法而且付諸行動了，就必須要敢擔當。一個人，享受榮譽易，承擔責任難。有那麼一些人，喜歡把工作差錯推給他人，這絕對要不得。如果大家都把責任推給別人，那出現的問題，由誰去整改？問題不整改，企業如何發展？更談不上實現你的理想，因為，你丟掉了一個人最基本的責任意識。

　　有企業家曾說過：「很多年輕人是晚上想想千條路，早上起來走原路。」對於想要創業的年輕人來說，成功的第一要義便是敢想敢做，出手果斷，正所謂「十個想法不如一個行動」。只有那種不僅有創業想法，且勇於行動的人才能真正獲得創業成功的機會。愛迪生也曾說過：「當一個人年輕時，誰沒有空想過？誰沒有幻想過？想入非非是青春的標誌。但我們應該記住，人總是要長大的。」不要抱怨自己的命運不好，行動就是力量。一萬個空洞的幻想還不如一個實際的行動，唯有行動才可以改變你的命運。很多人對創業充滿期望，卻又對自己缺乏信心。其實誰都可以致富，只要你敢去做。在我們身邊，許多相當成功的人，並不一定是他比你「會」做，更重要的是他比你「敢」做。

# 第 24 堂課

## 滿足 —— 知足常樂，幸福人生

# 別拿別人的長處比自己的短處

　　每個人在這個世界中都是一朵獨一無二的美麗花朵，每一朵鮮花都有自己獨特的姿態，不但有像其他花一樣的美麗，而且還有一種獨特的韻味。這樣的花更加討人喜歡。

　　隨著時代的發展，有越來越多的歌星、影星年紀很小就出了名。於是，每一個父母都開始把自己家的孩子和別人家的孩子比，總覺得自己家的孩子不比別人家的孩子棒，但又想自己的孩子比別家孩子更勝一籌。所以父母往往都會用激將法在自己的孩子面前說：你看看誰家的孩子家是那麼的聰明、乖巧，而看看你自己，連一道簡單的數學題都做不出來，你怎麼那麼蠢啊，早知道當初就不生你出來。其實父母不是真的說自己的孩子蠢，而是想透過這樣方式，用他人的優點借鑑給自己孩子學習。這樣孩子會更快地勝過他人。但是他們的思考方法錯了，這樣不僅傷害了孩子的自尊心，還完全忽視了孩子的優點。每一人的性格，愛好，特長都是不一樣的。人與人自己是不可以相比的，這樣只會導致你與你要相比那個人的距離越來越大。到最後做什麼事都不會成功的。

　　一隻烏龜想爬過一面牆，但每次爬到中途，都從牆上摔下來。但是最初牠並沒有氣餒，仍舊一次次地嘗試。可是，烏龜卻最終沒有爬過那面牆。當牠回到烏龜們中間時，其他同類都來安慰牠。可牠卻一臉痛苦地說：「我並不是為自己沒有爬過那面牆而難過，而是因為我看見一隻又瘦又小的烏龜，爬過了那面牆。」烏龜因為一隻比自己弱小的同類翻過高牆而感到痛苦，就放棄了自己的目標，牠真是既可笑又可悲。如果換作是我，我一定會不斷地練習，直到翻過那高牆。本來嘛，同類成功了，那或許就是牠的強項，也或許是因為牠比自己更努力，比自己下的功夫更深，

我們就更應該增加自信，更加努力地去訓練，相信經過自己的努力一定會翻過那高牆。

　　這個故事看似簡短，蘊含的意義卻不簡單。烏龜內心的痛苦並非源於自己的失敗，而是因為別人的成功！故事中的烏龜似乎很「傻」，自己雖然經歷過幾次失敗，但是並不表示永遠沒有希望了，那隻又瘦又小的同類爬過了高牆，那麼就更應該樹立自信，保持自己的個性和長處，勇於競爭，相信自己也會成功的。想想現實中的生活，不乏那些「以子之短比他人之長」的家長，似乎自己的孩子身上全是缺點，這就是典型的「比較」之心。與其自尋煩惱地拿自己的孩子與他人做比較，讓孩子漸漸失去自信，不妨多鼓勵孩子自己和自己比，今天和昨天比，這學期和上一學期比。這樣，孩子會經常看到自己的進步，自信心也會增強，並在欣賞自己的過程中努力超越他人，相信距離成功指日可待！

　　發現自己的長處，努力去獲得成功的喜悅。無論在社會中扮演什麼角色，每一個人身上都會有閃閃發光的一面，那亮光雖然渺小，但它是那麼的耀眼，只要好好的利用它，你照樣會成功的。它也就是陪伴在自己身邊的護花使者，在自己遇到苦難時，提醒自己不要輕易放棄；在獲得小小的勝利時，不要驕傲。它讓你實現了你自己的夢想，讓你的成功在別人心中迴盪。領悟其中的道理。每一個人的出發點都是相同。但是，天時、地利和每一個人自己的長處都是不一樣的，但只要找到自己的閃閃發光的那一面，你離成功的距離已經不遠了。不要和他人相比，相信自己是最棒的。以自己的實力也能創造出令別人羨慕的成績。世界的大門永遠為相信自己，不懈努力的人打開的。

　　不要總把自己與別人比較，這樣會越看自己越不值錢，如同人的指紋一樣，世界每一個人的指紋都是獨一無二的。不要根據別人認為重要的東

西來制定自己的追求目標，而應該努力去爭取自己覺得最好的東西。不要以為最接近自己內心的東西與生俱來，可以像自來水一樣隨時予取予求。要如同保護自己的眼睛一樣維護它們。失去它們，自己也許就會變成只有心臟而沒有心靈的行屍走肉。

不要匆匆忙忙地過一生，以至於忘記自己從哪裡來，要到哪裡去。生命不是一場速度賽跑，而是一步一個腳印走過來的旅程。不要耽於昨天或明天，任憑今天從指間流走。每一天只過每一天的日子，自己總會享受到所有的日子。生命不是以數量而是以品格來計算的。所以每一個人的一生都是獨特的。不要比較，不要眼紅，珍惜你擁有的一切，包括智慧，親情，友情；一步一步走好自己生命的旅程；享受自己的生活。這樣，自己就不會有後悔，不會有遺憾，生命也就會更有意義。

# 讓生活充實起來

沒有子女的人感到房子空，沒有朋友的人感到心裡空，傻子們感到四面八方空，窮人們感到所有的一切都是空。這句話是印度的諺語。生活中，我們總是有很多理由說自己的生活過於枯燥乏味，沒有內容，甚至有人為此付出了沉重的代價。

用一個「忙」字是最能形容現代人生活的真實狀態。人們在做事的時候，來也匆匆，去也匆匆。大人們忙賺錢，孩子們忙升學，年輕人忙充電，老年人忙爬山。如果平時那些忙得不可開交的人突然一下子閒了下來，許多人會有一種如同暈車般的感覺，那就是內心空虛。一家網路機構組織過一項調查，他們讓接受測試的 28 名網路成癮者在兩個星期不上網，並讓以日記的形式記錄其間的心理路程。從他們寫的日記來看，兩個

星期遠離網路嚴重影響了他們的社會生活，使他們感到厭倦無助，精神空虛。被測試者稱，沒有網路時他們參加比賽或是購物都感到索然無味。從社會意義上講，他們已經不願意同親密朋友以外的其他人群溝通，因為他們與外界的聯絡全部是在虛擬的環境中進行的，忽略了人本身存在的真實性，就更加體會到真實生活的意義。有句話叫「失之東隅，收之桑榆」，我們的處境證明這句話反過來說也是正確的。在整日不得閒的時候，我們忽略了生命中最重要的快樂。我們只顧著經營身體賴以寄存的有形的家，卻把心靈的家園荒蕪了。其實，快樂就在身邊，只不過你沒有用心體會罷了。

大多數情況下，生活中情調要靠自己去創造，與其苦苦地去追尋，不如先細心體會眼前實在的快樂。松下幸之助在《路是無限的寬廣》中寫道：「工作就是生活的中心。」的確，工作是人生的主要內容。幼年時求學，為的是更好的工作，青年時自然要工作，老年雖然退了休，可許多人仍然壯心不已，在發揮餘熱。因為他們知道，沒有了工作，生活就失去了樂趣，在他們眼裡，工作是一種享受，而不是一種痛苦。正如哥裡基所說：「如果將工作視為是義務，人生就成了地獄，如將工作視為是樂趣，人生就成為樂園。」當你感到失望、沮喪、痛苦的時候，請制訂一個工作計畫，並馬上開始工作。工作會把你的注意力轉移到別的地方，使原來的糟糕心情逐漸融化，幫助你恢復良好心態。每當你感到失望、痛苦和沮喪的時候就開始工作吧。養成這樣一個好習慣，你的內心就會充實起來，同時對你拋掉煩惱保持快樂也大有益處。在工作之外，你還可以用休閒娛樂和個人興趣來充實自己。讓自己充實起來的辦法有很多，學習琴棋書畫就不失為一種較好的選擇；喜好音樂的人，可以隨心所欲哼唱古今，雅俗不一的曲子；喜好下棋的人，找一兩個棋友，對弈廝殺，彷彿是運籌帷幄的

軍師，整盤棋局盡在掌握之中。愛好讀書的人，時時與先賢古人保持對話，與其同榮共辱，或拍案而怒、或搖首嘆息；愛好書畫藝術的人，可體會王羲之洗硯、吳道子作畫，可欣賞李奧納多‧達文西（Leonardo da Vinci）的《蒙娜麗莎》（*Mona Lisa*），自我愉悅，自得其樂。

　　除此以外，閒暇時也可以上上網，打開聊天室，既可以和老朋友打聲招呼，也可以找幾個陌生人隨便侃侃，還可以下載幾首愛聽的歌曲，邊欣賞邊看網路文學；既可以看看網上電影，也可以玩一會網路遊戲。當然，要適可而止，不要過度。只要自己喜歡，同樣可以獲得閒適的心情，擁有閒情雅致。會工作的人同樣會生活。重新拾起你的愛好吧，讓興趣帶著你走入興趣的樂園。你會發現，善於玩樂的習慣和善於工作的習慣一樣，會使你的生活更充實。人只有讓生命變的充實，過著踏實，活得才現實，這樣的人生才能充滿活力和樂趣。然而現今有太多的人背離了人生的這條軌跡，一心追求那些虛空，不切實際的東西，讓自己的生命變的虛空，沒有意義，沒有價值。試想如果一個人整天生活在虛無飄渺的世界中靠空想、幻想來混日子、熬生活，這樣的人生怎麼可能會充實呢？閉上眼睛勾畫自己絢爛的人生，睜開眼是殘酷的現實，夢想與現實之間的巨大反差，讓人無法接受，無法面對。於是就開始怨天尤人，感嘆自己的不幸，沒有一個可以跟人拚的老爸；也有人覺得自己活的太累，甚至想結束自己生命以求解脫。其實，細想起來，不是命運不公，也不是生活的壓力太大，只是因為人的心太虛偽太浮躁，是那顆好高騖遠的心壓得人喘不過氣來，所以，這種人才會感到自己活著很累。

　　至於什麼樣的事才是有意義，有價值的，簡單一句話概括就是：自己活著是為了讓別人活的更好！只要以此為出發點和落腳點，凡事以讓別人受益為最終目的，你所做的事就是有意義有價值的。堅持不懈，持之以

恆，你的人生也會變得有意義，有意義的人生才充實，充實的你才能體會到快樂，快樂的人生才夠精彩！

蕭伯納說：「讓人愁苦的祕密就是，有空閒來想想自己到底幸不幸福。」他的話點出了有些人痛苦的根源，人們的生活太空洞了。人的大腦空間是有限的，如果把精力都集中在想那些煩惱憂傷的事情，就會把自己推進痛苦的深淵，感覺不到些許的幸福，反之則不同。如果你痛苦，那麼你就忙起來，這樣就會忘記痛苦；如果你痛苦，那麼你就忙起來，這樣你就會迎來幸福。忙碌不僅讓我們擁有了一份充實，還讓我們的生活多了一份驚喜。

## ▌珍惜自己擁有的▐

人生很精彩的一個重要原因就是人的的差異性。每個人由於生活的地域、環境、風俗的不同，造就了每個人性格和習慣的不同，又由於這些原因造成了每個人所走的人生道路也不盡相同。他們中有窮人、有富人；有總統，也有乞丐。但不管你是誰，都應該懂得珍惜自己當下的擁有。如果現在不懂得去珍惜眼前的一切的話，它就如同流星般轉瞬即逝；就會像煙火般在璀璨中結束；就會像曇花一現，也許就從此不再出現。

人與人的相遇靠的是緣分，而緣分是不能強求的。你可能相信緣分，也可能不去相信。但當緣分來臨的時候，要學會去珍惜它。隨著時間的推移，每個人都在慢慢走向成熟，當你稚嫩的天真已經退去之後，也就應該懂得珍惜現在眼前的一切。人們總是在失去後才懂得珍惜，才會去奢望當時從手指間溜走的幸福。即使幸福很短暫，也要努力守住它，用自己的心去溫暖著眼前的所有人，不要讓他們在炎熱的夏天感覺到像冬天般的寒冷。

　　人們常說回憶是多麼的美好, 多麼的甜蜜, 然而他們卻不懂得擁有時的快樂, 不知沉浸在回憶裡是一件多麼自欺欺人的行為。回憶固然美好, 然而, 我們不能總是在追回憶中的腳步。因為這樣有時會使自己迷失自我, 不能從中走出, 不能正視前方。活在當下, 我們就應該珍惜現在來之不易的幸福。過去, 我們依然回首, 但是我們更需要的是面對現在。珍惜現在擁有的, 就是珍惜所謂的幸福。

　　有一則廣告：一位老母親打電話給兒子：「天涼了, 多穿點衣服。」「知道了, 我又不是小孩。」兒子不耐煩地回答。當兒子放下電話, 看見自己的妻子正在給自己的兒子穿衣服, 面對妻子的叮囑, 兒子的兒子說道：「我又不是小孩子。」兒子啞然。親情是永恆的主題, 有人說親情就是載你不斷前行的列車, 等靠岸的時候, 卻是獨自載舟的時候。親情, 是世間最聖潔, 最美好的感情, 是人與人之間血脈相連的關係, 沒有別的什麼可以超越這種與生俱來的偉大。它沒有友情的義海雲天, 也沒有愛情的轟轟烈烈。親人的一聲問候, 一句叮囑都能讓我們感受到濃濃的親情。親情仍在我的身邊。衣服破了, 還可以換新的, 錢沒有了還可以繼續掙回來, 可沒有了親情, 是永遠喚不回來的。人生路行色匆匆, 讓人難忘的是那溫暖的話語。要珍惜現在的親情, 親情是世間任何情都無法代替的。

　　珍惜生活就是珍惜現在, 珍惜人生的不完美, 在過去的回憶裡, 有茫然, 有迷茫, 有失落, 儘管都是一些負面的詞彙, 但卻是黎明前的真實的寫照。已經失去的過去, 我們也不要忘記它, 而應該記住了它, 慢慢認識了它, 從而懂得我們應該去珍惜的。不管人生也好, 生活也罷, 都沒有假如, 都不要對它抱著幻想, 忘記你所失去的, 珍惜你所擁有的, 需要用心去聆聽人生與歲月的聲響。

　　「如果一個年輕人在工作和生活中不能發現任何機會, 而認為自己可

以在其他地方得到更好的，那麼他會感到非常的灰心失望。」這是著名成功學家奧里森·馬登（Orison Swett Marden）給年輕人的忠告。可見，不要老是惦記著別人的東西。奢望那些不屬於自己的東西，有的時候，自己現在擁有的，當下正在做的事情就是最有價值的事情。要學會珍惜自己擁有的一切，享受當下的每一天。字寫錯了可以擦掉重寫，畫畫錯了可以撕掉重畫，唯有人生之路，走錯了卻沒有歸途，所以我們要慎重地對待人生中的每一步。但這並不是讓我們在人生的旅途中瞻前顧後、止步不前，也並不是說走錯了一步就會滿盤皆輸、萬劫不復。成功的道路有千萬條，條條大路通羅馬，只要我們堅持不懈，永不放棄，終會贏得最後的成功和幸福。人生不能重來，所以我們要更加珍惜現在，珍惜現在的生活，珍惜現在的擁有，不要悔恨過去，不要抱怨命運，我們能做的，就是珍惜現在自己擁有的一切。

要從過去的經歷中吸取經驗或教訓。有夢想固然重要，但更重要的是如何去實現夢想。只有掌握當前，珍惜擁有，腳踏實地，才不至於將來再為現在後悔，也不至於將夢想化為泡影。不過，珍惜現在的擁有不是知足常樂，不是停滯不前，不是沉溺於過去，不是不去爭取未來，而是把現在的擁有當作人生中的一個意味深長的驛站，用一份珍惜的心態，把現在的點滴幸福凝結在生活的每一天。只有珍惜現在的擁有，才能讓我們的生活多一份甜美，少一份遺憾；多一份幸福，少一份懊悔。

在物欲橫流的今天，有多少人拿青春賭明天，有多少人被金錢所奴役，又有多少人在遊戲人生。其實，生命真正屬於我們的只有三天：昨天、今天和明天。昨天已經成為過去，明天雖沒有到來，但也是個有限的集合，我們能夠把握和掌握的只有今天；抓不住的今天就會成為昨天而浪費，抓不住今天的人就不會擁有明天。俗話說：「身在福中要知福。」要

知道自己現在過著一種衣食無憂的生活，是一種難得的福分。不要小看這福分，不要浪費這福分。

　　所以，要多將有日思無日，別到無時思有時。人應該珍惜自己的福分，慢慢享用，不要揮霍。其實，每一個人都擁有寶石般珍貴的財富，就看你能不能發現它、守護它、珍惜它。我們在展望未來的時候，不要過於浮躁，要意識到自己正在擁有的一切，珍惜它們你才會生活的更加幸福。

# 名言佳句

真正的友情，是一株成長緩慢的植物。

世間最美好的東西，莫過於有幾個頭腦和心地都很正直的嚴正朋友。

近賢者聰，近愚則瞶。

單獨一個人可能滅亡的地方，兩個人在一起可能得救。

愛情的意義在於幫助對方提升，同時也提升自己。

愛情把我拽向這邊，而理智卻把我拉向那邊。

不太熱烈的愛情才會維持得久遠。

人生最好的東西總是和最壞的東西連在一起，幸福的極致往往是悲哀。

在人生的航行中，我們需要冒險，也需要休憩，家就是供我們休憩的溫暖港灣。

你希望子女，怎樣對待你，你就怎樣對待你的父母。

一個天生自然的人愛他的孩子，一個有教養的人定會愛他的父母。

無論是國王還是農夫，家庭和睦是最幸福的。

居安思危危自小，有備無患患可除。

天之道，利而不害；聖人之道，為而不爭。

生命只有一次，平安伴君一生。

早睡早起，使身體健康、富有、明智。

生命的幸福在身體，身體的強壯在健康。

一個好好過生活的人，他的時間應該分為三部分：勞動、享受、休息。

高尚、偉大的代價就是責任。

忠誠是人生的本色。

一個人能承擔多大的責任，就能取得多大的成功。

每個人都是自己的命運建築師。

不經巨大的困難，不會有偉大的事業。

如果你把金錢當上帝，它便會像魔鬼一樣折磨你。

賺錢之道很多，但是找不到賺錢的種子，便成不了事業家。

勤儉是幸福之本，浪費是貧困之苗。

人之所助者，信也。

生活是需要誠信的，沒有誠信就沒有幸福可言。

失去誠信，就等同於敵人毀滅了自己。

博愛之謂仁，行而宜之謂義。

愛之花開放的地方，生命便能欣欣向榮。

人們幾乎可以在懷有無限熱忱的事情上成功。

殺了現在，也便殺了將來。

要改變人而不觸犯或引起反感，那麼，請稱讚他們最微小的進步，並稱讚每一步。

生命中沒有朋友，就像生活中沒有了陽光一樣。

人必須要有自信心，這是成功的祕密之一。

一定要有自信的勇氣，才有工作的勇氣。

人生真正的快樂在於致力於一個自己認為偉大的目標。

去做你害怕的事，害怕自然就會消失。

其身正，不令而行；其身不正，雖令不從。

以克人之心克己，以容己之心容人。

一個驕傲的人，結果總是在驕傲裡毀滅了自己。

自制是一種秩序，一種對快樂和欲望的控制。

明智的人絕不坐以待斃，他們一定樂觀地找出辦法挽救。

笑是人類的特權。

即使事情的發生和發展盡如人意，世界也不會變得更好些。

寵辱不驚，勝似閒庭散步。

只有在苦難中，才能認識自我。

想想別人的不幸，你就能坦然的面對人生。

吃苦的人永不吃虧。

吃虧就是占便宜。

只有大意吃虧，沒有小心上當。

一個人只要強烈地、堅持不懈地追求目標，他就有可能達到目的。

世間最珍貴的不是「得不到」和「已失去」，而是現在能掌握的幸福。

不要讓昨天占用今天的時間。

佛家說：「捨，就是得；不捨，哪有得，放下，便是自在。」

信仰就是用耳朵觀看。

信仰，是人們所必須的。什麼也不信的人不會有幸福。

世界上最賠本的買賣可能就是和自己過不去。

做一件好事不難，難的是做一輩子好事。

一個人絕不會僅僅因為用憎惡的眼光看待世人就能顯出他的優越。

不以物喜，不以己悲。

非淡泊無以明志，非寧靜無以致遠。

能夠征服自己弱點的人，正是一個人偉大的開始。

心靈不在它生活的地方，而是在它所愛的地方。

閒暇不是心靈的充實，而是為了心靈得到休息。

哪裡沒有興趣，哪裡就沒有記憶。

不會寬容別人的人，是不配受別人寬容的。

難得糊塗，知足常樂。

聰明反被聰明誤。

多寬恕別人，少寬恕自己。

事不三思終有悔，人能百忍自無憂。

遇方便時行方便，得饒人處且饒人。

成大事不在於力量的大小，而在於能堅持多久。

什麼叫做失敗，失敗是達到佳境的第一步。

多數人的失敗，都始於懷疑他們自己在想做事情上的能力。

知足是天然的財富，奢侈是人為的貧窮。

好說己長便是短，自知己短便是長。

人的真正使命是生活，而不是單純的活著。

人們輕易得到的東西往往不珍惜。

# 享幸福哪有這麼心累：

## 實際案例、智慧語錄、人生哲學，二十四堂幸福課讓你成為長輩最貼心、伴侶最傾心的完美人類！

作　　者：徐定堯，顧美琪

發 行 人：黃振庭

出 版 者：財經錢線文化事業有限公司

發 行 者：財經錢線文化事業有限公司

E-mail：sonbookservice@gmail.com

粉 絲 頁：https://www.facebook.com/
　　　　　sonbookss/

網　　址：https://sonbook.net/

地　　址：台北市中正區重慶南路一段六十一號八
　　　　　樓 815 室

Rm. 815, 8F., No.61, Sec. 1, Chongqing S. Rd.,
Zhongzheng Dist., Taipei City 100, Taiwan

電　　話：(02)2370-3310

傳　　真：(02)2388-1990

印　　刷：京峯彩色印刷有限公司（京峰數位）

律師顧問：廣華律師事務所 張珮琦律師

─ 版權聲明 ─────────────

本書版權為作者所有授權崧博出版事業有限公司
獨家發行電子書及繁體書繁體字版。若有其他相
關權利及授權需求請與本公司聯繫。

未經書面許可，不得複製、發行。

定　　價：350 元

發行日期：2022 年 11 月第一版

◎本書以 POD 印製

### 國家圖書館出版品預行編目資料

享幸福哪有這麼心累：實際案例、
智慧語錄、人生哲學，二十四堂幸
福課讓你成為長輩最貼心、伴侶最
傾心的完美人類！/ 徐定堯，顧美
琪著 . -- 第一版 . -- 臺北市：財經
錢線文化事業有限公司 , 2022.11
　面；　公分
POD 版
ISBN 978-957-680-532-5( 平裝 )
1.CST: 幸福 2.CST: 生活指導
176.51　　111016656

電子書購買

臉書